Gode Hunger!

Hennings Suppen

Hennings Suppen

Mit Ernährungswissenschaftlichen Bewertungen
von Dr. med. Thomas Ellrott

HEEL

Das A und O beim Kochen ist, neben den guten Zutaten, das gute Handwerkszeug.
Die Qualität von Kochtöpfen (Fissler), Besteck (Güde-Messer), Geschirr (Friesland) und Elektrogeräten (NEFF) haben maßgeblich zum Gelingen der für dieses Buch zubereiteten Suppen beigetragen.

Impressum

HEEL Verlag GmbH | Gut Pottscheidt | 53639 Königswinter
Telefon 0 22 23 / 92 30-0 | Telefax 0 22 23 / 92 30 26
Mail: info@heel-verlag.de | Internet: www.heel-verlag.de

Herausgegeben von Ernst Gustav Lüttgau

Verantwortlich für den Inhalt: Henning Krautmacher, Dr. Thomas Ellrott | Lektorat: Joachim Hack
Fotos: Uli Grohs | Gestaltung: Thomas Malzkorn | Satz und Layout: Gerd Türke

Druck: Koelblin-Fortuna-Druck, Baden-Baden | Printed in Germany
ISBN: 3-89880-382-1

...erst mal 'n leckeres Süppchen

„Wie hast Du es eigentlich geschafft, so schlank zu werden?“ Diese Frage wurde mir in den vergangenen Monaten (nachdem ich das Rauchen aufgegeben hatte) fast täglich gestellt. „Ja, aber da nimmt man doch eigentlich zu!“, so war die immer wiederkehrende Reaktion, wenn ich meine Geschichte erzählte. Und genau das ist falsch! Es muss eben nur die richtige Ersatzhandlung für das zweifelhafte Laster gefunden werden, und den Anstoß zu meinem (Selbst-)Findungsprozess gab der Osteopath und Physiotherapeut Harald Ernst, den ich wegen heftiger Nackenschmerzen in seiner Praxis (ISFP) in Köln aufsuchte. Vor der Behandlung fragte er mich unter anderem nach meinen Lebensgewohnheiten – was ich esse, was ich trinke... da war bei mir wohl vieles im Argen, Bratwurst, Pommes rot-weiß, (zu)viel Kölsch und Kaffee...; dann sagte er etwas, was mich damals sehr beschäftigt und seitdem nicht mehr losgelassen hat: Er meinte zu mir „iss doch einfach mal wieder ein schmackhaftes Süppchen, z. B. als leicht verdauliche Mahlzeit mittags oder abends nach dem Motto ‚etwas Warmes braucht der Mensch‘. Oder aber vorneweg, um den Magen einzustimmen auf die leckeren, aber oft schwer verdaulichen Dinge, die danach noch kommen. Das wusste schon die Mutter von der Großmutter, nur heutzutage ist es aus der Mode gekommen.“

Gemüsesuppen sind leicht bekömmlich, vitaminreich, wohlschmeckend leicht verdaulich und machen trotzdem satt. Es ist logisch und leicht nachzuvollziehen, dass man nach einem Teller oder einer Schale Vorsuppe deutlich weniger große Portionen an Nudeln, Fleisch- oder Kartoffelgerichten zu sich nimmt. Hinzu kommt, dass das Zubereiten solcher Suppen kinderleicht ist, recht schnell geht und unglaublich viel Spielraum für kreative Variationen lässt, kurz: Es macht auch noch Spaß, Suppen zu kochen.

In diesem Buch habe ich ausschließlich die Zubereitung von Gemüsesuppen beschrieben, denn die Antwort auf die Frage nach meiner persönlichen Diät bzw. meiner Ersatzhandlung anstelle des Rauchens, war immer dieselbe: Ich habe soviel abgenommen durch Laufen (Jogging) und Low Fat (aus dem englischen: wenig Fett). Also sollten auch die Suppen möglichst cholesterinarm ausfallen. Wenig Fett und trotzdem lecker – das geht! Es muss nicht immer der Geschmacksverstärker Sahne sein. Mit ein wenig Phantasie, ein paar Kniffen und Tricks und dem Mut, zusammen zu bringen, was scheinbar nicht zu vereinen ist, lässt sich in der Suppenküche auf das Vortrefflichste komponieren.

Ja! Richtig gelesen: komponieren! Denn im Grunde genommen ist das Kreieren eines Rezeptes nichts anderes als die geschickte Verbindung vorhandener Zutaten mit dem Ziel, ein angenehmes Erlebnis für die Sinne zu schaffen. In der Musik sind die Zutaten Töne, Takt und Harmonien. In der Malerei Farben, Pinsel und Leinwand. Beim Kochen, die Vielfalt der landwirtschaftlichenErnteprodukte, Topf und Herd.

Die insgesamt 36 Suppen, die hier nun in Wort und Bild dargestellt sind, haben eines gemeinsam: Sie sind bei ihrer Entstehung von den besten Köchen der Welt beeinflusst worden, nämlich von Hunger, Appetit und der Lust auf´s Essen. Sie sollen durchaus den Wunsch nach noch mehr Rezepten auslösen. Nach Suppenrezepten aus anderen Ländern, von Freunden, aus anderen Kochbüchern oder sogar zur eigenen kreativen Betätigung anregen.

Nicht immer bzw. nicht zu jeder Jahreszeit, sind die Zutaten beim Gemüsehändler frisch zu haben, aber das gehört einfach zum Thema: Alles zu seiner Zeit! „Lust auf das Besondere" bedeutet nämlich auch, geduldig darauf zu warten, bis die saisonalen Gemüse wie z. B. Spargel oder bestimmte Pilze endlich angeboten werden – dann schmecken beispielsweise die goldgelben Pfifferlinge noch mal so gut.

Das Auge isst ja immer mit. Deshalb gibt es in diesem Buch auch eine ganze Reihe von Servier- und Garniervorschlägen, die in der Zubereitung erwähnt sind. Darüber hinaus ist es ja sehr üblich, zu einer Suppe jeweils eine kleine Beilage in Form von Teigwaren wie Brot oder Brötchen zu reichen. Auch zu diesem Thema findet sich hier ein Abschnitt mit ein paar bebilderten Tipps für etwas mehr Abwechslung im Alltag der Beilagen.

Abschließend sei nun noch bemerkt, dass dieses Suppen-Kochbuch nicht den Anspruch auf ein Diät-Kochbuch erfüllen soll. Ein ernährungsbewusstes Leben wird

immer begleitet von ausreichender körperlicher Betätigung, entweder im Berufsleben – oder durch sportlichen Ausgleich. Und soviel steht fest: Nach vollbrachter körperlicher Anstrengung schmeckt jedes Essen mindestens doppelt so gut.

In diesem Sinne wünsche ich recht viel Spaß beim Kochen und noch mehr Freude und Genuss beim anschließenden Schlemmen.

Auf geht´s ...erst mal 'n leckeres Süppchen

Vorwort
von Harald Ernst (Osteopath)

Von der Krankengeschichte zum Suppenbuch – eine ungewöhnliche Geschichte?

Wie so oft im Leben liegen Ja und Nein nah beieinander. Ja müsste die Antwort lauten, wenn der Autor der „normale Mann von der Straße“ wäre, der wegen Rückenschmerzen in meine Praxis gekommen ist. Nein muss die Antwort sein, wenn der Mann Henning Krautmacher heißt. Ein sehr kreativer Mensch, als Komponist, Musiker, Frontmann und Hobbykoch, der trotz seiner Bekanntheit fest auf dem Boden (der Suppenküche) steht.

Bei der routinemäßigen Befragung im Rahmen einer Eingangsuntersuchung musste Henning eingestehen, dass er sich zu wenig Zeit für vernünftiges Essen und Trinken nimmt und deshalb häufig mit Fast-Food-Produkten sowie Bier und Kaffee zufrieden ist.

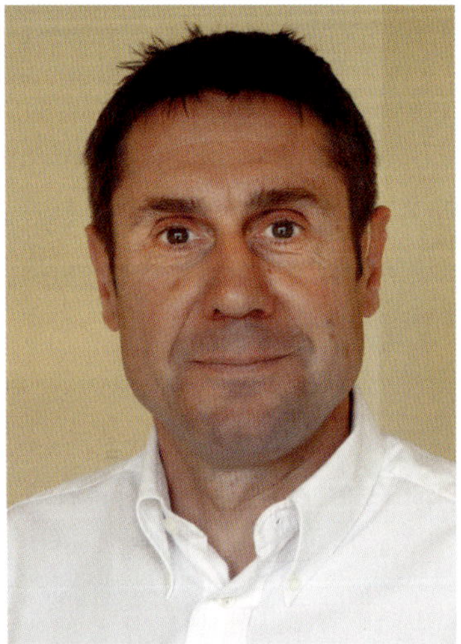

Damit zwangsläufig verbunden ist eine überhöhte Aufnahme von schlechten Fetten und säurebildenden Substanzen. Der Hinweis, dass damit seine Magen-Darm-Beschwerden sowie die diffusen Rückenschmerzen erklärt werden könnten, ließ ihn sehr nachdenklich werden.

Eine Übersäuerung des Magens (Hyperacidose) führt über funktionelle Zusammenhänge nicht selten zu (Bewegungs-)Schmerzen im Nacken und der mittleren Brustwirbelsäule.

Diese Erkenntnis führte bei Henning zu einer geradezu reflexhaften Verhaltensänderung: Er stellte seine Ernährungsweise radikal um und begann übergangslos mit Dauerläufen von etwa einer Stunde. Kurze Zeit später war er beschwerdefrei und die Idee zu einem Kochbuch geboren. Das war vor etwa vier Jahren.

Im dazwischen liegenden Zeitraum führten die Ernährungsumstellung und eine Änderung der Lebensweise zu einer deutlichen Gewichtsreduktion und zu einer ganzen Reihe anregender Gespräche, die das Thema „gesunde

Ernährung und gesundes Kochen“ zum Inhalt hatten. Irgendwann merkten wir, dass wir beide „Suppenfans“ sind, und so verwundert es nicht, daß Suppenrezepte zum Gesprächsthema Nummer eins wurden.

Bis in die 70er-Jahre des letzten Jahrhunderts waren in weiten Teilen Europas Suppen ja unverzichtbarer Bestandteil des täglichen Speiseplanes. Sie waren Resteverwertung und sättigendes Vor- oder meist sogar Hauptgericht in einem.

Mit dem zunehmenden Schlankheitswahn setzte eine Entwicklung ein, die schließlich dazu führte, dass die Suppe inzwischen weitgehend aus der häuslichen deutschen Esskultur verschwunden ist. In der Umkehrung dieses Prozesses wird in der gehobenen Küche die Suppe auf einem Niveau veredelt, das in der alltäglichen Haushaltsküche schwerlich erreicht werden kann.

Den Bogen zu schlagen von edler und teurer „Haute Cuisine“ zur (fast) vergessenen, traditionellen Kochkultur, das ist Henning in seinem Buch sehr gut gelungen. Dass er dabei persönlich am Herd stand und kochte, ist selbstverständlich. Getreu seiner Überzeugung, dass man auch im Rheinland die Kunst beherrscht, lecker zu kochen und dabei den Geldbeutel im Auge zu behalten, führt Henning den Leser gekonnt und charmant durch die deutsche und internationale Suppenküche.

Mit diesem sehr gelungenen interkulturellen Mix wird die Suppe nicht nur zum interessanten Gaumenkitzel, sie kann gut und gerne als „Slow Food“* bezeichnet werden. Gesund und gut – dass das zusammengeht, kommt hier deutlich zum Ausdruck. Und das Henning Krautmacher sich damit – zumindest was die Ernährung anbelangt – vom Saulus zum Paulus gewandelt hat, soll nicht unerwähnt bleiben.

Deshalb hat mir nicht nur die Idee zu diesem Buch gefallen, es war mir auch eine große Freude, das Vorwort dazu zu schreiben. Ich wünsche allen Lesern viel Freude und Genuss beim Nachkochen.

Harald Ernst

*Gegenteil von „Fast Food“; seit mehreren Jahren bestehende, lose organisierte Gegenbewegung, mit dem Ziel: Rückbesinnung auf gute Produkte, mit ausreichend Zeit für Zubereitung und genussvollen Verzehr.

Inhaltsverzeichnis

...ein bisschen Brot dazu?

Ernährungswissen-schaftliche Bewertung

Die Mengenangaben der einzelnen Rezepte beziehen sich in den meisten Fällen jeweils auf die Zubereitung für vier Personen. In Ausnahmefällen findet sich ein besonderer Vermerk.

Zutaten für ca. fünf Liter:

1 ganze Sellerieknolle

1 Stange Porree (Breitlauch)

6-8 Möhren

1/2 Bund Petersilie

50 ml Rapsöl

Salz

10,4 kcal je 100 g

Nährwerttabelle und Ernährungswissenschaftliche Bewertung auf Seite 112

Gemüsebrühe

Wenn man regelmäßig Gemüsesuppen zubereiten will, empfiehlt es sich, eine gewisse Menge an Gemüsebrühe, die bei den meisten Suppen in diesem Kochbuch als Grundlage dient, auf Vorrat zu kochen. Natürlich besteht auch die Möglichkeit auf vorgefertigte Produkte aus dem Supermarkt zurückzugreifen. Man kann Gemüsefond aus dem Glas verwenden oder aber auch die sogenannten Brühwürfel oder „gekörnte Gemüsebrühe" in kochendem Wasser auflösen und die nachstehenden Suppen damit zubereiten.

Getreu dem Motto: „Selbst zubereitet – da weiß man, was man hat", hier nun die Beschreibung für eine Menge von fünf Litern

Zubereitung:

Die Sellerieknolle waschen, schälen und klein schneiden. Porree waschen und in ca. ein Zentimeter breite Ringe schneiden. Die geschälten Möhren ebenfalls klein schneiden und zusammen mit den ganzen Petersilie-Stängeln und den übrigen Zutaten in einem großen, hohen Kochtopf im heißen Rapsöl kurz andünsten. Mit ca. fünf Liter Wasser angießen und zum Kochen bringen. Anschließend bei geschlossenem Deckel mindestens eine Stunde weiter köcheln. Zum Schluss das Ganze durch ein feines Küchensieb gießen und die klare Brühe mit Salz abschmecken. Das ausgekochte Gemüse findet keine weitere Verwendung mehr. Im Kühlschrank aufbewahrt, hält sich diese Gemüsebrühe leicht eine ganze Woche lang zur portionsabhängigen Entnahme.

1

2

3

Acht Kräuter

Zubereitung:
Butter im Topf erhitzen. Die gewaschenen und gehackten Kräuter in der heißen Butter kurz dünsten, mit dem Mehl bestreuen und dann das Ganze mit der Gemüsebrühe angießen. Unter ständigem Rühren aufkochen und ca. 10 Minuten bei kleiner Hitze weiter köcheln. Mit Salz und Pfeffer abschmecken.

Die Art der Kräuter kann beliebig variiert werden, abhängig vom Angebot des Obst- und Gemüseanbieters. Je nach Kräuterzusammensetzung (harte und weiche Kräuter) empfiehlt es sich, die Suppe vor dem Servieren fein zu pürieren.

Als Einlage: In Salzwasser vorgekochte, mit Ricotta-Käse gefüllte Gnocchi.

Zutaten:
Je 1 Bund: Glatte Petersilie, Schnittlauch, Dill, Selleriekraut, Estragon, Rosmarin, Oregano, Thymian
30 g Butter
30 g Mehl
1 Liter Gemüsebrühe
Salz
Pfeffer aus der Mühle
400 g mit Ricotta-Käse gefüllte Gnocchi

84,9 kcal je 100 g
Nährwerttabelle und Ernährungswissenschaftliche Bewertung auf Seite 100

Austernpilze

Zutaten:

500 g frische Austernpilze
1 große Gemüsezwiebel
400 ml Pilz-Fond
150 g Creme legère mit 15 % Fett (oder Saure Sahne, fettarm)
ca. 1/4 Liter Milch (fettarm)
1 Bund Schnittlauch
30 ml Traubenkernöl
30 ml Olivenöl
Pfeffer und Salz

70,7 kcal je 100 g
Nährwerttabelle und Ernährungswissenschaftliche Bewertung auf Seite 101

Zubereitung:

Die Gemüsezwiebel schälen und grob würfeln. Das Traubenkernöl in einem hohen Kochtopf erhitzen und die Zwiebelstücke darin glasig dünsten. Die Austernpilze vorsichtig mit kaltem Wasser abwaschen. Von den größten Exemplaren Streifen von ca. zwei bis drei Zentimeter Breite abschneiden und beiseite legen (pro Person 2-3 Streifen). Die übrigen Austernpilze jetzt zu den Zwiebeln geben und ca. 10 Minuten unter hoher Hitzezufuhr garen. Dabei reduziert sich die Masse um gut 2/3. Dann den Pilz-Fond angießen und das Ganze weitere 10 Minuten gar kochen. In der Zwischenzeit das Olivenöl in einer Pfanne erhitzen, die Austernpilzstreifen darin goldbraun ausbacken und mit Salz und Pfeffer würzen.

Nun die gar gekochten Pilze im Mixer sehr fein pürieren und mit der Milch angießen, sodass eine sämige Suppe entsteht. Abschließend mit einem Schneebesen die Creme legère und gehackten Schnittlauch unterziehen. Mit Salz und Pfeffer abschmecken und mit den goldbraunen Pilzstreifen und Schnittlauchspitzen garnieren.

Blaue Kartoffeln

Zubereitung:

Die Kartoffeln schälen, waschen, klein schneiden und in der Gemüsebrühe in einem Topf ca. 20 Minuten gar kochen. Im Mixer fein, sämig pürieren und wieder zurück in den Topf geben. Die Frühlingszwiebeln waschen, die Wurzeln sowie die äußere Haut entfernen und in Scheiben schneiden. Die Suppe mit Pfeffer und Salz abschmecken und erst kurz vor dem Servieren die grünen und weißen Zwiebelabschnitte unterziehen.

Wissenswertes:

Vitelotte noire, die Kartoffel, die im deutschen auch gerne als „blaue französische Trüffelkartoffel" bezeichnet wird, ist mit ihren dunkelblauen, fast schwarzen, länglichen Knollen einer Trüffel in der Tat nicht ganz unähnlich. Auch das Fruchtfleisch ist dunkellilafarbig. Sie wird in Südfrankreich und seit einigen Jahren auch im Kölner Raum (in Stommeln) angebaut. Man muss also schon in gut sortierten Gemüseläden danach fragen. Die Stauden produzieren nur wenige Knollen und sind etwas wärmebedürftiger als andere Sorten. Die Blüte ist weiß, und für viele gilt diese Kartoffel als die „Königin unter den Liebhabersorten".

40,5 kcal je 100 g

Nährwerttabelle und Ernährungswissenschaftliche Bewertung auf Seite 102

Zutaten:

800 g. Vitelotte noire (blaue französische Trüffelkartoffeln)

1 Bund Frühlingszwiebeln

3/4 Liter Gemüsebrühe

Pfeffer, Salz

Blumenkohl

mit Kartoffelcroutons

Zutaten *(für acht Personen oder für vier Personen als Hauptgericht):*

1 Blumenkohl
ca. 1 Liter Gemüsebrühe

Für die Einlage:
4 große Kartoffeln
Paprikapulver (edelsüß)
100 ml Olivenöl
Pfeffer und Salz

Zubereitung:

Blätter und Strunk vom Blumenkohl entfernen. Die Blumenkohlröschen auslösen und waschen. 1 Liter Gemüsebrühe zum Kochen bringen und die Blumenkohlröschen darin ca. 20 Minuten weich kochen. Das Ganze im Mixer fein pürieren und mit Salz und Pfeffer abschmecken.

Für die Einlage die Kartoffeln schälen und in kleine gleichmäßige Würfel in Brotcroutongröße schneiden. Die Kartoffelwürfel in Salzwasser ca. 10 bis 15 Minuten kochen. Das Wasser abschütten und dann die Würfel in heißem Olivenöl von allen Seiten kross backen. Mit Paprikapulver bestreuen und erst beim Servieren jeweils in die Mitte des Tellers geben.

37,6 kcal je 100 g
Nährwerttabelle und Ernährungswissenschaftliche Bewertung auf Seite 103

Bohnen-Mais

Zubereitung:

Die Zwiebel schälen, in grobe Würfel schneiden und im heißen Rapsöl glasig braten. Die Bohnen und den Mais mitsamt der Flüssigkeit aus der jeweiligen Dose in den Topf geben und aufkochen. Die Gemüsebrühe dazu geben und das Ganze nur fünf Minuten weiter köcheln. Im Mixer fein pürieren und anschließend noch einmal durch ein Küchensieb streichen oder mit der „Flotten Lotte" passieren. Mit Salz und Pfeffer abschmecken und mit etwas Schnittlauch garniert servieren.

Zutaten:

300 g gelbe Wachsbrechbohnen (aus der Dose)
300 g Mais (aus der Dose)
1 große Zwiebel
30 ml Rapsöl
1/2 Liter Gemüsebrühe
Salz, Pfeffer

51,7 kcal je 100 g

Nährwerttabelle und Ernährungswissenschaftliche Bewertung auf Seite 104

Breitlauch-Käse

Zutaten:

750 g (2 Stangen) Breitlauch (Porree)
30 ml Rapsöl
200 g Schmelzkäse (fettarm)
1 Bund Schnittlauch
1 Liter Gemüsebrühe
Majoran (gerebelt)
Muskatnuss
Salz und Pfeffer

51,3 kcal je 100 g

Nährwerttabelle und Ernährungswissenschaftliche Bewertung auf Seite 105

Zubereitung:

Den Breitlauch waschen, die Wurzel abschneiden und die äußere Haut abziehen, den Rest in etwa 1 Zentimeter dicke Scheiben schneiden. Die entstandenen Ringe auseinander zupfen und nochmals waschen. Den Breitlauch in heißem Fett unter gelegentlichem Rühren dünsten, bis er auf etwa die Hälfte zusammengefallen ist. Jetzt die Gemüsebrühe angießen und bei geschlossenem Deckel etwa 15 Minuten garen.

Den weichen Breitlauch im Mixer fein pürieren und zurück in den Topf geben. Jetzt den Schmelzkäse unterziehen, den fein gehackten Schnittlauch und den gerebelten Majoran hinzu geben und das Ganze mit Salz, Pfeffer und geriebener Muskatnuss abschmecken.

Broccoli-Tomate

Zubereitung:

Den Broccoli waschen und die Broccoliröschen auslösen. Die Gemüsebrühe erhitzen und die Broccoliröschen darin etwa 15 Minuten kochen.

Die beiden Tomaten mit kochendem Wasser überbrühen und enthäuten. Dann in Hälften schneiden und mit einem Teelöffel aushöhlen (entkernen). Das Tomatenfruchtfleisch in kleine Würfel schneiden und beiseite stellen.

Den gekochten Broccoli im Mixer fein pürieren und mit Salz und Pfeffer abschmecken. Petersilie und Schnittlauch fein hacken und mit den Tomatenstückchen unter die Suppe ziehen.

Zutaten:

1 Broccoli

2 Tomaten

1 Liter Gemüsebrühe

1/2 Bund Petersilie

1/2 Bund Schnittlauch

Salz und Pfeffer

20,3 kcal je 100 g

Nährwerttabelle und Ernährungswissenschaftliche Bewertung auf Seite 106

Champignon

Zutaten:

500 g frische Champignons
2 große Zwiebeln
50 ml Sesamöl
1/2 Bund Schnittlauch
ca. 1 Liter Gemüsebrühe
200 g Schmelzkäse (Scheibletten fettarm)
Paprikapulver

62,6 kcal je 100 g

Nährwerttabelle und Ernährungswissenschaftliche Bewertung auf Seite 108

Zubereitung:

Die Champignons waschen und in Scheiben schneiden, dabei etwa 16 kleine Champignonköpfe aussortieren und nicht zerschneiden. Die Zwiebeln schälen und grob würfeln, im heißen Sesamöl anbraten. Die aussortierten, ganzen Champignons hinzu geben und mit Paprikapulver (edelsüß) bestäuben. Wenn die kleinen Champignonköpfe goldbraun gebraten sind, aus dem Topf nehmen und beiseite stellen. Jetzt die übrigen Pilze in das heiße Öl geben, einige Minuten unter ständigem Rühren weiterbraten. Wenn sich das Volumen etwa um die Hälfte reduziert hat, die Gemüsebrühe angießen und ca. 15 Minuten bei geschlossenem Deckel köcheln. Das Ganze im Mixer fein pürieren und zurück in den Topf geben.

Den Schmelzkäse mit einem Rührbesen unterziehen, den fein geschnittenen Schnittlauch ebenfalls unterrühren und mit Salz und Pfeffer abschmecken. Suppe in Teller füllen und in der Mitte mit den ganzen, gebratenen Champignonköpfen garnieren.

1

2

3

4

5

6

Chinakohl

mit Selleriestreifen

Zubereitung:

Die klein geschnittenen Frühlingszwiebeln im heißen Sesamöl anbraten und Liebstöckel hinzu geben. Den Chinakohl waschen, in ca. 2 Zentimeter breite Streifen schneiden und ebenfalls in das heiße Fett geben. Unter leichtem Rühren ca. 3 Minuten weiterdünsten, bis der Kohl sich auf ca. 1/3 des Volumens reduziert hat. Jetzt mit der Gemüsebrühe angießen und etwa 15 Minuten mit offenem Deckel weiterköcheln. Die Suppe mit Salz, Pfeffer und geriebener Muskatnuss abschmecken.

Für die Einlage: Die geschälte Sellerieknolle in gleichmäßige Stifte von 5 Millimetern Kantenlänge schneiden, das Olivenöl erhitzen und die mit Paprikapulver und Knoblauchsalz gewürzten Selleriestreifen darin von allen Seiten goldbraun ausbacken. Anschließend damit die Suppe im Teller garnieren.

Zutaten:

- *1 Chinakohl (ca. 600 g)*
- *1 Bund Frühlingszwiebeln*
- *1 TL Liebstöckel (gerebelt)*
- *1/2 Bund Schnittlauch*
- *1/4 Sellerieknolle*
- *50 ml Sesamöl*
- *20 ml Olivenöl*
- *1 Liter Gemüsebrühe*
- *Knoblauchsalz*
- *Paprikapulver edelsüß*
- *Muskatnuss*
- *Salz und Pfeffer*

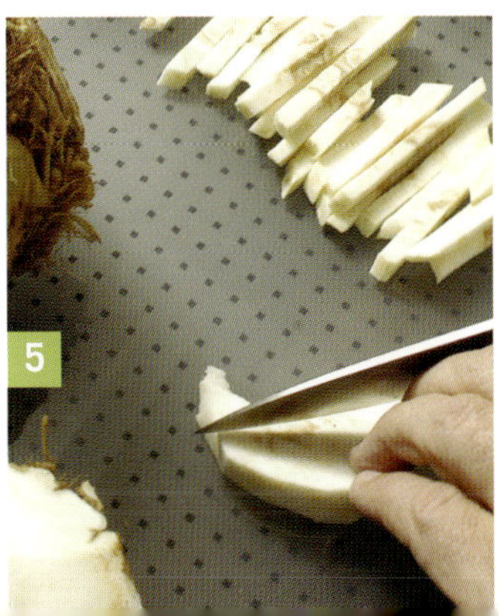

50,3 kcal je 100 g

Nährwerttabelle und Ernährungswissenschaftliche Bewertung auf Seite 109

Eierschwammerl

(Pfifferlinge)

Zutaten:

500 g Pfifferlinge
200 g Schmelzkäse (fettarm)
2 Zwiebeln
200 ml Waldpilzfond
1 Liter Wasser
4 Eigelb
4 EL Sesamöl
Salz und Pfeffer
Liebstöckel
Thymian
Schnittlauch zum Garnieren

Zubereitung:

Die Pfifferlinge waschen und dabei die Schönsten aussortieren. Das Sesamöl im Topf erhitzen, Zwiebeln schälen, würfeln und im heißen Öl anbraten. Dann die Pfifferlinge dazugeben und kurz mitbraten (Achtung – nicht die aussortierten, die schönen!). Jetzt mit dem Waldpilzfond und Wasser angießen und ca. 20 Minuten köcheln. Die aussortierten Pilze mit Knoblauchsalz abschmecken und in einem Gareinsatz mitgaren. Alternativ, falls kein Gareinsatz zur Verfügung steht, die Pfifferlinge in einer kleinen Pfanne in etwas Rapsöl goldbraun ausbacken und mit Pfeffer, Salz und Knoblauch abschmecken. Die dampfgegarten Pilze beiseite legen und die gekochten Pfifferlinge mitsamt dem Sud im Mixer fein pürieren. Das Ganze zurück in den Kochtopf geben und den Schmelzkäse mit dem Rührbesen unterziehen. Dabei kühlt die Pfifferlingssuppe etwas ab.

Die vier Eier trennen und die jeweiligen Eigelbe ebenfalls vorsichtig unter die nicht zu heiße Suppe ziehen. Mit Salz, Pfeffer, Thymian und Liebstöckel abschmecken. Die Suppe zum Servieren in einen Teller geben und mit den dampfgegarten Pfifferlingen und Schnittlauch garnieren.

59,6 kcal je 100 g

Nährwerttabelle und Ernährungswissenschaftliche Bewertung auf Seite 110

Fenchel-Rucola

Zubereitung:
Die Fenchelknollen waschen und das feine Kraut der Stengel beiseite legen. Nun die Knollen in kleine Stücke schneiden und im Öl anbraten. Den Rucola ebenfalls waschen, grob hacken und zu den Fenchelstücken geben. Das Ganze mit der Gemüsebrühe angießen und unter Zugabe von ein paar Safranfäden (0,2 g) ca. 20 Minuten weich kochen.

In der Zwischenzeit die Tomaten mit kochendem Wasser überbrühen und enthäuten. Dann die Tomaten in zwei Hälften schneiden und mit einem Teelöffel das Innere entfernen. Die leeren Hälften in kleine Würfel schneiden und beiseite stellen (siehe auch die Fotos im Rezept: Broccoli-Tomate). Das feine Fenchelkraut sehr fein hacken und ebenfalls zum späteren Garnieren beiseite stellen. Jetzt die Suppe im Mixer fein pürieren, mit Salz und Pfeffer abschmecken und die Tomatenwürfel sowie das Fenchelkraut in die Tellermitte geben.

Zutaten:
4 Fenchelknollen
150 g Rucola
2 Tomaten
30 ml Rapsöl
1 Liter Gemüsebrühe
0,2 g Safranfäden
Salz, Pfeffer

32,5 kcal je 100 g

Nährwerttabelle und Ernährungswissenschaftliche Bewertung auf Seite 111

Herrenpilze
(Steinpilzsuppe)

Zutaten:

500 g Steinpilze
200 ml Waldpilzfond
ca. 750 ml Milch (fettarm)
50 ml Walnussöl
20 ml Olivenöl
Thymian
Paprikapulver
Knoblauchsalz
Pfeffer und Salz

74,1 kcal je 100 g

Nährwerttabelle und Ernährungswissenschaftliche Bewertung auf Seite 113

Zubereitung:

Die Steinpilze vorsichtig unter fließendem Wasser abwaschen. Vier bis fünf schön gewachsene, dunkelbraune Köpfe in feine (ca.1 mal 1 cm große) Würfel schneiden. In einem kleinem Topf das Olivenöl erhitzen und die klein geschnittenen Steinpilzwürfelchen scharf (d. h. unter starker Hitze) braten. Mit etwas Paprikapulver und wenig Knoblauchsalz abschmecken. Wenn die Pilzcroutons kross gebacken sind, in ein Küchensieb geben, damit das Öl abtropfen kann. Die fertigen Croutons beiseite stellen.

Das Walnussöl erhitzen und die klein geschnittenen Frühlingszwiebeln darin andünsten. Die gewaschenen und klein geschnittenen Steinpilze dazu geben und unter gelegentlichen Rühren ca. 5 Minuten weiterdünsten. Dann mit Waldpilzfond angießen und bei geschlossenem Deckel etwa 10 Minuten köcheln. Etwa ein Drittel der gegarten Steinpilze entnehmen und ebenfalls beiseite stellen, die restlichen Pilze im Mixer fein pürieren.

Die pürierten Pilze wieder zurück in den Topf geben und mit der Milch angießen, noch einmal kurz aufkochen. Mit Salz, Pfeffer und Thymian abschmecken, vom Herd nehmen und die beiseite gestellten Pilzstücke wieder hinzufügen. Auf dem Teller mit den Steinpilzkopfcroutons garnieren.

Honigmelone
Herzhafte Honigmelonensuppe

Zubereitung:
Die Honigmelone in zwei Hälften schneiden und mit einem Esslöffel die Kerne entfernen. Jetzt die beiden Hälften in schmale Streifen schneiden und die gelbe Schale entfernen. Das Fruchtfleisch würfeln und im Mixer fein pürieren. Die Gurken von der festen Schale befreien und das weiche Fruchtfleisch in gleichmäßig dicke Stifte (etwa so groß wie Pommes Frites) schneiden.

Die pürierte Melonensuppe in einen Teller geben und mit den Salzgurkenstreifen garnieren. Je nach Geschmack abschließend mit etwas Pfeffer aus der Mühle abschmecken. Essen sollte man diese kalte Suppe, indem man mit dem Löffel ein wenig von der Gurke abtrennt und so den herzhaften Geschmack mit dem der süßen Melone mischt.

Zutaten:
1 ganze Honigmelone
4 große eingelegte Salzgurken
Pfeffer aus der Mühle

Kalte Suppe

23,9 kcal je 100 g
Nährwerttabelle und Ernährungswissenschaftliche Bewertung auf Seite 114

Käsereste

Zutaten:

Verschiedene Käsesorten (in unserem Fall sechs Sorten, fettarm)
Tipp: übrig gebliebener Partykäse vom Vorabend; pro Person ca. 80 g
2 Zwiebeln
1 EL Mehl
20 g Butter
1/4 Liter Gemüsebrühe
1/4 Liter Milch (fettarm)
Pfeffer aus der Mühle und ganze rote Pfefferkörner (Baies roses)

Zubereitung:

Butter erhitzen und die klein gehackten Zwiebeln darin andünsten. Wenn die Zwiebeln glasig werden mit Mehl bestäuben und unter ständigem Rühren mit dem Schneebesen mit Milch angießen. Den Käse (auch Weichkäse wie Camembert oder Brie) von der Rinde befreien und in kleine Stücke schneiden. Die Käsewürfel ebenfalls in den Topf geben und unter ständigem Rühren schmelzen. Dabei immer wieder mit etwas Gemüsebrühe angießen, sodass eine cremige Suppe entsteht. Zum Servieren die Suppe in einen Suppenteller geben, mit reichlich Pfeffer aus der Mühle bestreuen. Abschließend mit den roten Pfefferkörnern garnieren.

1

2

3

4

5

124 kcal je 100 g

Nährwerttabelle und Ernährungswissenschaftliche Bewertung auf Seite 116

Kaiser-Käse

Zubereitung:

Die Sellerieknolle schälen, in Würfel schneiden (2 Zentimeter) und im heißen Öl unter Zugabe von etwas Paprikapulver braun rösten. Die Zwiebel schälen, in grobe Stücke hacken und hinzugeben. Das Ganze mit der Gemüsebrühe angießen und dann die geschälten, kleinen, ganzen (!) Kartoffeln etwa 7 – 8 Minuten in der Brühe kochen. Jetzt das Kaisergemüse und den Rosenkohl hinzugeben und bei nur leichter Hitzezufuhr ca. 15 Minuten weiter köcheln.

Den fein geschnittenen Schnittlauch, die Liebstöckelblätter und den Thymian dazu geben und den Schmelzkäse abschließend zusammen mit dem restlichen Paprikapulver vorsichtig unter die Suppe ziehen, damit das zarte Gemüse seine Form behält. Mit Salz und Pfeffer abschmecken.

Achtung! Dieses Rezept ist von der Menge der Zutaten für acht Personen angelegt, weil diese Suppe – am nächsten Tag aufgewärmt – noch mal so gut schmeckt.

***Zutaten** (für 8 Personen):*

750 g Kaisergemüse tiefgefroren (Broccoli-Röschen, Blumenkohl-Röschen, Möhrenscheiben)
250 g Rosenkohl tiefgefroren
1/2 Sellerieknolle
10-15 kleine Kartoffeln (ca. 250 g)
1 große Zwiebel
1 Bund Schnittlauch
1 TL Liebstöckelblätter (getrocknet und gerebelt)
1/2 TL Thymian
2 EL Paprikapulver edelsüß
400 g Schmelzkäse fettarm
1 Liter Gemüsebrühe
20 ml Olivenöl
Salz und Pfeffer

58,2 kcal je 100 g

Nährwerttabelle und Ernährungswissenschaftliche Bewertung auf Seite 117

Kaltes Feuer

Zutaten:

1 Paprikaampel
(je eine rote, gelbe und grüne Paprika)
1 Salatgurke
2 Tomaten
1 Zwiebel
200 g Creme legère
(oder Saure Sahne, fettarm)
50 ml scharfes Öl
Salz und Cayenne-Pfeffer

Für die Einlage:
4 Scheiben Toastbrot
30 g Pinienkerne
30 g Pistazienkerne
20 Oliven mit Paprikapaste gefüllt
4 eingelegte Pfefferschoten
30 ml Knoblauchöl
20 g Paprikapulver edelsüß
Salz

Kalte Suppe

Zubereitung:

Paprika waschen und klein schneiden. Dabei von jeder Farbe feine Würfel schneiden und je zwei Esslöffel davon beiseite stellen. Die übrigen, grob geschnittenen Paprikastücke zusammen mit der ebenfalls gewürfelten Salatgurke, den Tomaten und der Zwiebel in den Mixer geben. Das Ganze mit dem scharfen Öl und der Creme legère fein pürieren. Scharfes Öl kann man selbst zubereiten, indem man eine getrocknete Chilischote ca. 2 Minuten in heißem Olivenöl ausbackt (die Pfefferschote nach dem Ausbacken entfernen). Mit Salz und Cayenne-Pfeffer abschmecken und in einer Suppenschale mindestens zwei Stunden kaltstellen.

Die Toastscheiben in Würfel schneiden. In einer Pfanne das Knoblauchöl erhitzen und die Brotwürfel darin unter Zugabe von Paprikapulver und Salz rösten. Wenn die Brotcroutons knusprig braun gebraten sind, die Pinien und Pistazienkerne hinzu geben und kurz (2 Minuten) mitrösten. Brotcroutons mit Kernen in eine Schüssel füllen und kalt werden lassen.

Die Suppe in der Terrine servieren. Dazu die Suppeneinlagen (Brotcroutons, fein gewürfelte Paprika, Oliven und Pfefferschoten) in kleinen Schüsselchen zur Selbstbedienung anbieten.

106 kcal je 100 g

Nährwerttabelle und Ernährungswissenschaftliche Bewertung auf Seite 118

Kantensuppe

Zubereitung:

Brotkanten und -reste, die einfach liegen geblieben sind und langsam hart werden, müssen nicht weggeworfen werden. Aus ca. 100 g altem Brot und ca. 100 g Käseresten (gerieben) pro Person lässt sich diese Kantensuppe leicht und schnell zubereiten.

Das Brot entweder im Backofen oder im Toaster anrösten und dann in mundgerechte Stücke schneiden. Auf einen Suppenteller geben und mit dem geriebenen Käse bestreuen. Dann mit zwei Esslöffeln zerbröseltem Schafskäse bestreuen, mit Pfeffer aus der Mühle würzen und im Backofen (Grill) goldbraun überbacken.

Den heißen Teller in einen Unterteller stellen und mit einem Viertelliter heißer, klarer Gemüsebrühe füllen, ca. 5 Minuten stehen lassen und servieren.

Zutaten:

Altbackene Brotkanten oder -scheiben
Käsereste
Schafskäse
1 Liter Gemüsebrühe
Pfeffer aus der Mühle

119 kcal je 100 g

Nährwerttabelle und Ernährungswissenschaftliche Bewertung auf Seite 119

Klare Gemüsesuppe

mit Zuckererbsen und Zucchini

Zutaten:

150 g Zuckererbsen in der Schote
1 rote Paprika
1 Zucchini (ca. 200 g)
Nudeleinlage nach Belieben (in unserem Fall 40 g)
1 Liter Gemüsebrühe
50 ml Olivenöl

Zubereitung:

Das Olivenöl erhitzen, die klein geschnittenen Paprika darin kurz anbraten. Die Zuckererbsenschoten in kleine Rauten schneiden und zu den Paprika geben. Die Zucchini in 5 Millimeter dicke Scheiben schneiden und ebenfalls in das Fett geben. Mit der Gemüsebrühe angießen und zum Kochen bringen. Wenn die Suppe kocht, 40 g Nudeln hinzufügen und nochmals fünf Minuten bei kleiner Hitze köcheln lassen, bis die Nudeln weich (bzw. al dente) sind. Je nach Geschmack, im Teller mit etwas geriebenem Parmesankäse bestreuen.

60,8 kcal je 100 g

Nährwerttabelle und Ernährungswissenschaftliche Bewertung auf Seite 120

Knoblauch

Zubereitung:

Die einzelnen Knoblauchzehen der Knoblauchknolle schälen und klein hacken. Butter im Topf erhitzen, gehackte Knoblauchsstückchen hinzu geben und hellbraun braten. Den Knoblauch mit dem Mehl bestäuben, dabei ständig mit dem Rührbesen umrühren und mit der Gemüsebrühe anschütten. Kurz aufkochen und – nachdem die Suppe dicklich geworden ist – die Milch hinzufügen. Noch einmal kurz aufkochen und mit Salz abschmecken. Die fertige Suppe vom Herd nehmen und mit der Creme legère (oder Saure Sahne, fettarm) verfeinern; zum Garnieren mit etwas Schnittlauch und Pfeffer bestreuen.

Zutaten:

1 Knoblauchknolle
60 g Mehl
50 g Butter
500 ml Gemüsebrühe
300 ml Milch (fettarm)
200 g Creme legère
(oder Saure Sahne, fettarm)
Salz
Roter Pfeffer

108 kcal je 100 g

Nährwerttabelle und Ernährungswissenschaftliche Bewertung auf Seite 121

Zutaten:

4 große Kohlrabi (mit Blättern)
1 Bund Frühlingszwiebeln
50 ml Rapsöl
3/4 Liter Gemüsebrühe
Liebstöckel
Muskatnuss
Pfeffer und Salz

40,3 kcal je 100 g

Nährwerttabelle und Ernährungswissenschaftliche Bewertung auf Seite 122

Kohlrabi

Zubereitung:

Die Frühlingszwiebeln waschen, die Wurzeln entfernen und klein schneiden. Die Kohlrabiblätter in feine Streifen von etwa einem halben Zentimeter Breite schneiden und beiseite legen. Von den Kohlrabi einen Deckel abschneiden, damit man die Frucht anschließend mit einem Löffel aushöhlen kann. Die vier ausgehöhlten Kohlrabi dienen am Ende als Suppentassen.

Öl im Topf erhitzen, die Zwiebeln darin anbraten und anschließend das Fruchtfleisch der Kohlrabi hinzu geben. Mit Gemüsebrühe auffüllen und gar kochen (ca. 15 Minuten). Das Ganze im Mixer fein pürieren, zwei Teelöffel Liebstöckel (gerebelt) hinzu geben und alles mit Pfeffer, Salz und einer Prise Muskatnuss abschmecken. Ganz zum Schluss die Kohlrabiblätterstreifen in die Suppe geben und servieren.

Kürbis-Curry

Zubereitung:

Den Kürbis in schmale Streifen schneiden, dabei die Kerne vollständig entfernen. Die Schale von den schmalen Kürbisstreifen entfernen und das Fruchtfleisch in Würfel schneiden. Rapsöl in einem hohen Topf erhitzen und die Kürbiswürfel darin anbraten. Die beiden Nektarinen entkernen, ebenfalls würfeln und zu den Kürbisstücken geben. Das Ganze mit einem Liter Gemüsebrühe angießen und ca. 20 Minuten gar kochen. Während der Kochzeit die Weißbrotwürfel, die getrockneten Kürbiskerne mit der gehackten Knoblauchzehe, Olivenöl und Salz vermengen und ziehen lassen. Die Suppe pürieren, mit Zucker, Salz und Currypulver abschmecken. Die fertige Suppe in einen Suppenteller geben und mit Brotcroutons garnieren.

***Zutaten** (für 8 Personen):*

1 Speisekürbis (1,5-2 kg), in unserem Fall handelt es sich um einen „Uchiki-Kuri"
2 Nektarinen
1 Liter Gemüsebrühe
1 EL Zucker
8 EL Rapsöl (50 ml)
Currypulver, Pfeffer und Salz

Für die Suppeneinlage:
50 g getrocknete (harte) Weißbrotwürfel
50 g getrocknete Kürbiskerne
1 Knoblauchzehe
Olivenöl

53,7 kcal je 100 g
Nährwerttabelle und Ernährungswissenschaftliche Bewertung auf Seite 123

Möhren-Apfel-Zwiebel

Zutaten:

6-8 große Möhren
2 Äpfel
3 mittelgroße Zwiebeln
1 Bund Schnittlauch
3/8 Liter Milch (fettarm)
3/8 Liter Gemüsebrühe
20 Gramm Butter

37,7 kcal je 100 g

Nährwerttabelle und Ernährungswissenschaftliche Bewertung auf Seite 124

Zubereitung:

Die Zwiebeln schälen, grob würfeln und in der erhitzten Butter kurz andünsten. Die Möhren schälen, in Scheiben schneiden und zu den Zwiebeln geben. Die Äpfel ebenfalls schälen, vierteln und auf die Möhren verteilen. Das Ganze mit der Gemüsebrühe angießen und etwa 15 bis 20 Minuten gar kochen.

Den Topf vom Herd nehmen und das weiche Gemüse nun mit einem Pürierstab unter Zugabe der Milch zu einer cremigen Suppe verarbeiten. Zum Abschluss den fein gehackten Schnittlauch unterrühren und mit Salz und Pfeffer abschmecken.

Paprika

Zutaten:

8 rote Paprika
1 grüne Paprika
1 getrocknete Chilischote
100 ml Wasser
40 ml Olivenöl
Helle Sojasoße (oder Salz)

Zubereitung:

Die roten Paprika waschen, entkernen und in Stücke schneiden. Dasselbe mit der grünen Paprikaschote machen, allerdings in sehr feine Würfelstückchen schneiden und beiseite legen.

Das Öl im Topf erhitzen und die Pfefferschote darin solange ausbraten, bis sie anfängt dunkel zu werden. Jetzt die Schote heraus nehmen und die roten Paprikastücke im scharfen Öl kurz anbraten. Das Ganze mit den 100 ml Wasser angießen und bei geschlossenem Deckel ca. 15 Minuten gar kochen.

Im Mixer die weichen Paprikastücke fein pürieren und mit Salz oder Sojasoße abschmecken. Vor dem Servieren je einen Esslöffel von den rohen, gewürfelten, grünen Paprikastückchen in die Tellermitte geben.

49,4 kcal je 100 g

Nährwerttabelle und Ernährungswissenschaftliche Bewertung auf Seite 126

__Zutaten:__

1 Glas (100 g) frische grüne Pfefferkörner in Lake

1 Zwiebel

1/2 Liter Milch (fettarm)

1/2 Liter Gemüsebrühe

30 g Butter

30 g Mehl

150 g Creme legère (oder Saure Sahne, fettarm)

78,5 kcal je 100 g

Nährwerttabelle und Ernährungswissenschaftliche Bewertung auf Seite 128

Pfeffer

Zubereitung:

Die Zwiebel schälen, klein hacken und im Topf in der heißen Butter andünsten. Die Pfefferkörner mitsamt der Flüssigkeit dazu geben und mitdünsten, bis das Wasser verkocht ist.

Das Mehl darüber stäuben und unter ständigem Rühren nach und nach mit der Gemüsebrühe und der Milch angießen. Bei kleiner Hitze ca. 10 Minuten weiterköcheln. Kurz vor dem Servieren die Creme legère (oder Saure Sahne, fettarm) mit einem Rührbesen unterziehen.

1

2

3

4

Pürierte Erbsen

mit Mais

Zubereitung:

Die klein geschnittene Zwiebel im heißen Öl glasig dünsten. Die Erbsen und die Hälfte des Mais dazu geben (vorher das Wasser abschütten) und erhitzen. Dann die Gemüsebrühe angießen, kurz aufkochen und bei geschlossenem Deckel etwa 10 Minuten köcheln. Die Erbsen-Mais-Mischung im Mixer fein pürieren. Die fein pürierte Suppe nun noch einmal passieren (durch ein Sieb streichen oder mit der „Flotten Lotte"). Die verbliebenen Maiskörner unter die Suppe heben, mit Pfeffer und Salz abschmecken und servieren.

***Zutaten** (für 6 Personen):*

800 g Erbsen aus der Dose
600 g Mais aus der Dose
1 Zwiebel
1 Liter Gemüsebrühe
30 ml Sonnenblumenöl

61,1 kcal je 100 g

Nährwerttabelle und Ernährungswissenschaftliche Bewertung auf Seite 130

Rote Zwiebeln

mit Chianti

Zutaten:

1 kg rote Zwiebeln

1 Liter Gemüsebrühe

200 ml Chianti

50 ml Olivenöl

Salz und Pfeffer

46,8 kcal je 100 g

Nährwerttabelle und
Ernährungswissenschaftliche
Bewertung auf Seite 131

Zubereitung:

Die Zwiebeln schälen und würfeln. 8 Esslöffel Olivenöl im Topf erhitzen und die Zwiebeln darin glasig schwitzen. Mit der Gemüsebrühe angießen, kurz aufkochen und ca. 10 Minuten bei kleiner Hitze köcheln. Jetzt den Chiantiwein dazu gießen und mit Salz und Pfeffer abschmecken. Je nach Geschmack mit etwas geriebenem Parmesankäse servieren.

1

2

3

4

Sauerkraut

mit Paprika

Zubereitung:

Das Öl in einem breiten, flachen Kochtopf erhitzen und die klein geschnittenen Frühlingszwiebeln darin andünsten. Die Paprika waschen, in Würfel schneiden und hinzu geben. Das Sauerkraut kreuzweise sehr fein schneiden (1-2 Zentimeter Streifen) und ebenfalls in den Kochtopf geben. Nun die Gemüsebrühe angießen und bei geschlossenem Deckel ca. 20 Minuten garen. Die Suppe von der Kochstelle nehmen, die getrockneten Kräuter hinzugeben, die Creme legère unterziehen und mit Salz und Pfeffer abschmecken. Die roten Pfefferkörner zum Garnieren auf die angerichtete Suppe geben.

73,3 kcal je 100 g

Nährwerttabelle und Ernährungswissenschaftliche Bewertung auf Seite 132

Zutaten:

400 g Sauerkraut
3 Stangen Frühlingszwiebeln
1 rote Paprika
3/4 Liter Gemüsebrühe
300 ml Creme legère
(oder Saure Sahne, fettarm)
2 EL rote Pfefferkörner
(Baies roses)
50 ml Sesamöl
1 TL Kräuter der Provence
1 TL Majoran
1 TL Thymian
Salz und Pfeffer

Schwarzwurzel

Zutaten:

1200 g Schwarzwurzeln
aus der Dose oder aus dem Glas
3/4 Liter Milch (fettarm)
30 ml Rapsöl
20 ml Olivenöl
150 ml Creme legère
(oder Saure Sahne, fettarm)
Muskatnuss
Paprikapulver scharf
Salz und Pfeffer

55,3 kcal je 100 g
Nährwerttabelle und Ernährungswissenschaftliche Bewertung auf Seite 133

Zubereitung:

Die klein gehackten Zwiebeln im heißen Rapsöl andünsten. Die Schwarzwurzeln abschütten und zu den angedünsteten Zwiebeln geben. Vorher etwa 10 besonders gleichförmige Schwarzwurzelstücke aussortieren, in etwa zwei Zentimeter große Abschnitte schneiden und beiseite stellen.

Die Milch anschütten, kurz aufkochen und ca. 5 Minuten ziehen lassen. In der Zwischenzeit das Olivenöl erhitzen, die Schwarzwurzelabschnitte mit Salz und Paprikapulver bestreuen und im heißen Fett goldbraun ausbacken.

Die Schwarzwurzeln in Milch, im Mixer, fein pürieren und in den Topf zurückgeben. Die Creme legère unterziehen und die Suppe mit geriebener Muskatnuss, Pfeffer und Salz abschmecken. Beim Servieren einige Schwarzwurzelcroutons zum Garnieren in die Tellermitte geben.

Shii-Take

Zubereitung:

Die Pilze im kalten Wasser waschen und gut abtropfen lassen. Das Sesamöl in einer großen, hohen Pfanne erhitzen und die Pilze darin scharf anbraten. Wenn sich die Menge auf etwa die Hälfte reduziert hat, den Honig über die Pilze geben und unter Rühren etwa drei Minuten weiter braten. Nun die schönsten Exemplare der Shii-Take-Pilze aussortieren (ca. 20 Stück), die später als ganze Stücke zum Garnieren verwendet werden. Die übrigen Pilze im Mixer sehr fein zu einer schnittfesten Masse pürieren (ggfls. etwas Milch zufügen, wenn die Masse zu fest wird). Mit Salz und Paprikapulver abschmecken.

Die Walnüsse mit dem Pürierstab zerkleinern und zusammen mit dem gehackten Schnittlauch unter das Pilz-Pürree ziehen. Ganz zum Schluss noch die gekochte Kartoffel in kleine Würfel schneiden und ebenfalls vorsichtig unter die Shii-Take-Masse ziehen. Nun noch den Bratensatz der Pilzpfanne mit 400 ml Wasser ablöschen und die 400 ml fertigen Pilz-Fond hinzugießen. Mit Salz abschmecken.

Zum Servieren diese klare Brühe in einen tiefen Suppenteller geben und in die Mitte einen großen Löffel voll Shii-Take-Püree. Mit den aussortierten Pilzen, etwas Thymian und Rosmarin-Stängeln garnieren.

Zutaten:

500 g frische Shii-Take-Pilze
400 ml Pilzfond
400 ml Wasser
1 große gekochte Kartoffel
100 g gehackte Walnüsse
3 Esslöffel gehackter Schnittlauch
30 ml Sesamöl
1 Esslöffel Honig
Rosmarin, Thymian, Paprikapulver (edelsüß)
Salz

86,5 kcal je 100 g

Nährwerttabelle und Ernährungswissenschaftliche Bewertung auf Seite 134

1

2

3

4

Spargel-Schaum

Zutaten:

750 g frischer Spargel
3/4 Liter Gemüsebrühe
150 ml Milch (fettarm)
Salz, Knoblauchsalz,
geriebene Muskatnuss, Pfeffer

20,6 kcal je 100 g

Nährwerttabelle und Ernährungswissenschaftliche Bewertung auf Seite 135

Zubereitung:

Den Spargel schälen, waschen und die Spargelspitzen (etwa 2-3 Zentimeter) abschneiden. Die Gemüsebrühe aufkochen und die Spargelstangen darin ca. 15 Minuten garen.

Während der Garzeit die Milch in einem kleinen Topf aufsetzen und die Spargelspitzen dazugeben. Kurz aufkochen und dann bei schwacher Hitze ebenfalls ca. 15 Minuten ziehen lassen. Die weich gekochten Spargelstangen mit der Gemüsebrühe im Mixer sehr fein pürieren und anschließend noch einmal mit der „Flotten Lotte" oder durch ein Sieb passieren. Die inzwischen ebenfalls weichen (bissfesten) Spargelspitzen aus der Milch nehmen und die Milch mit Knoblauchsalz abschmecken. Dann die heiße Milch mit einem Schneebesen oder – besser noch – mit einem Milchaufschäumer schaumig rühren und unter die Spargelsuppe ziehen. Mit Salz, Pfeffer und geriebener Muskatnuss abschmecken und mit ein paar Spargelspitzen in der Tellermitte servieren.

Spinat

Zubereitung:
Die Butter erhitzen und die klein gehackten Zwiebeln darin glasig dünsten. Die beiden Knoblauchzehen in Stifte schneiden und zu den Zwiebeln geben. Den aufgetauten Blattspinat mit einem großen Gemüsemesser in feine Streifen (ca. 1 cm) klein schneiden und ebenfalls in den Topf geben. Das Ganze etwa 5 Minuten bei schwacher Hitze ziehen lassen. Jetzt die Milch angießen, kurz aufkochen und nochmals bei kleiner Hitze ca. 5 Minuten ziehen lassen. Zum Abschluss den Schmelzkäse unterziehen und die Suppe mit Salz und Pfeffer abschmecken. Zum Servieren etwas zerbröselten Schafskäse jeweils in die Mitte der Suppe auf den Teller geben.

Zutaten:

1 Packet tiefgefrorener Blattspinat (450 g)
2 Zwiebeln
2 Knoblauchzehen
30 g Butter
200 g Schmelzkäse
100 g Schafskäse
3/4 Liter Milch
Salz und Pfeffer

82,7 kcal je 100 g

Nährwerttabelle und Ernährungswissenschaftliche Bewertung auf Seite 136

Tiroler Knödel

Zutaten:

Für die Knödel:
200 g Weißbrotwürfel
(z. B. von übrig gebliebenen Semmeln)
200 ml Milch (fettarm)
4 Eier
20 g Butter
2 Bund Schnittlauch
1 Bund Petersilie
2 große Zwiebeln
Salz und Pfeffer
Für die Suppe:
1 Liter Gemüsebrühe
1 Bund Schnittlauch

Zubereitung:

Die Zwiebeln würfeln und in Butter glasig dünsten. Die Milch erwärmen (nicht kochen). Zwei Bund Schnittlauch und den Bund Petersilie sehr fein hacken. Das Ganze mit den vier Eiern und den Weißbrotwürfeln vermengen, mit Salz und Pfeffer abschmecken und ca. 30 Minuten ziehen lassen.

Aus dem Knödelteig kleine (ca. 5 cm Durchmesser) Klöße formen und nochmals ca. 10 Minuten ziehen lassen. Die Klöße in einen Topf mit reichlich kochendem Salzwasser geben, kurz aufkochen und dann bei schwacher Hitze etwa 10 Minuten ziehen lassen. Den dritten Bund Schnittlauch in ca. 3-5 cm lange Abschnitte schneiden und in die Gemüsebrühe geben. Erst kurz vor dem Servieren die Tiroler Knödel in die Brühe geben.

62,5 kcal je 100 g

Nährwerttabelle und Ernährungswissenschaftliche Bewertung auf Seite 137

Tomaten-Basilikum

Zubereitung:

In einem großen Topf reichlich Wasser zum Kochen bringen und die Tomaten darin kurz blanchieren, bis die Haut platzt (in der Regel ca. 1-2 Minuten). Nun die Tomaten aus dem Wasser nehmen, enthäuten und in Achtel schneiden. (Dabei den Strunk entfernen) Die beiden Zwiebeln in kleine Würfel schneiden und im heißen Olivenöl anbraten. Die Tomaten dazu geben, aufkochen und etwa 20 Minuten köcheln lassen.

In der Zwischenzeit das Basilikumbäumchen pflücken. Vier besonders schöne Krönchen für das spätere Garnieren beiseite legen. Die zerkochten Tomaten nur mit einem Rührbesen umrühren. Mit Tomatengewürzsalz abschmecken und dann die gewaschenen Basilikumblätter hinzu geben. Ca. 5 Minuten bei geschlossenem Deckel ziehen lassen und dann in die Teller geben.

Die Creme legère (oder Saure Sahne, fettarm) mit Knoblauchsalz abschmecken und je einen Teelöffel in die Tellermitte geben, zum Abschluss mit einem Basilikumkrönchen garnieren.

Zutaten:

16 Tomaten
1 Basilikumbäumchen
2 Zwiebeln
50 ml Olivenöl
Tomatengewürzsalz (Mischung)

Zum Garnieren:
1 Becher Creme legère
Knoblauchsalz

72,3 kcal je 100 g

Nährwerttabelle und Ernährungswissenschaftliche Bewertung auf Seite 138

Wirsing im Kartoffelsamt

Zutaten:

1 Wirsing
4 Kartoffeln
2 Möhren
1/4 Sellerieknolle
1 Porreestange
2 Stängel Petersilie
1 Liter Wasser
Thymian
Salz und Pfeffer

Zubereitung:

Möhren, Kartoffeln und Sellerie waschen, schälen und in kleine Würfel schneiden. Porree waschen und in Scheiben schneiden. Petersilie grob hacken.

Das geschnittene Gemüse in 1 Liter Wasser 20 Minuten gar kochen. Das Ganze im Mixer zu einer samtig-sämigen Suppe pürieren. Zurück in den Topf geben, mit Salz, Pfeffer und Thymian abschmecken. Während der Kochzeit den Wirsing waschen, in feine Streifen (3-5 mm) schneiden. Den fein geschnittenen Wirsing in die Suppe geben und – bei kleiner Hitze – nochmals ca. 15 Minuten köcheln.

14,4 kcal je 100 g

Nährwerttabelle und Ernährungswissenschaftliche Bewertung auf Seite 139

Zitronengras
mit Gemüse-Polenta-Schnittchen

Zubereitung:
Zuerst die Gemüse-Polenta zubereiten, damit sie kaltgestellt werden kann. Dazu die Gemüsezutaten Möhre, Paprika und Schalotte in sehr kleine Würfel schneiden oder hacken. Das Olivenöl in einem Topf erhitzen und das Gemüse (zuerst die Schalottenwürfelchen) nach und nach, ca. fünf Minuten unter Rühren andünsten. Das Ganze mit dem halben Liter Gemüsebrühe auffüllen und weitere fünf Minuten köcheln lassen. Jetzt den Maisgrieß einrühren und noch einmal fünf Minuten ziehen lassen. Abschließend den gehackten Schnittlauch unterziehen. Den festen Polenta-Teig auf einen mit kaltem Wasser befeuchteten Teller geben, zu einem drei Zentimeter dicken Fladen formen und kalt werden lassen.

Für die Zubereitung der Suppe:
Das Rapsöl erhitzen und das klein geschnittene Suppengemüse, den geschnittenen Zitronengrashalm und die Pfefferkörner kurz darin andünsten (Achtung – das Gemüse nicht zu dunkel werden lassen). Das Ganze mit 1 Liter Wasser auffüllen, zum Kochen bringen und mindestens 30 Minuten bei kleiner Hitze und geschlossenem Deckel weiter kochen lassen. Danach die Suppe durch ein Küchensieb gießen und die klare Brühe mit Salz und Muskatnuss abschmecken. Die gehackte Petersilie zugeben und mit Polenta-Schnittchen in der Tellermitte servieren.

Zutaten:
100 g Sellerie
100 g Porree
2 Petersiliewurzeln
2 Stängel glatte Petersilie
1 Halm Zitronengras
(je nach Größe ca. 30 g)
1 EL eingelegte
grüne Pfefferkörner (aus dem Glas)
20 ml Rapsöl
1 EL gehackte Petersilie
Salz
geriebene Muskatnuss

Für die Gemüse-Polenta- Schnittchen:
1 Möhre
1/4 rote Paprika
1/4 grüne Paprika
1 Schalotte (oder kleine Zwiebel)
1 EL gehackter Schnittlauch
150 g Maisgrieß (Polenta)
20 ml Olivenöl
1/2 Liter Gemüsebrühe

92,6 kcal je 100 g

Nährwerttabelle und Ernährungswissenschaftliche Bewertung auf Seite 140

1

2

3

4

Zucchini

mit Schafskäse

Zutaten:

600 g Zucchini
200 g Schafskäse
1/2 Bund Frühlingszwiebeln
1 EL Kräuter der Provence
750 ml Gemüsebrühe
30 ml Olivenöl
Pfeffer und Salz

62,4 kcal je 100 g
Nährwerttabelle und Ernährungswissenschaftliche Bewertung auf Seite 141

Zubereitung:

Die Zucchini waschen, die Enden entfernen und die Zucchini in Würfel schneiden. Das Öl im Topf erhitzen, die klein geschnittenen Frühlingszwiebeln darin andünsten und anschließend die Zucchinistückchen dazugeben. Das Ganze unter gelegentlichem Rühren 3-5 Minuten weiterdünsten. Die Gemüsebrühe angießen und ca. 10 Minuten bei schwacher Hitze kochen. Anschließend im Mixer fein pürieren und wieder in den Topf geben. Mit Salz, Pfeffer und Kräutern der Provence abschmecken. Kurz vor dem Servieren den gewürfelten Schafskäse vorsichtig unter die Suppe heben und im Topf servieren.

...ein bisschen Brot dazu?

...ist eine Frage, die man in fast jedem Restaurant gestellt bekommt, wenn man sich eine Suppe bestellt. Und wenn die Frage nicht gestellt wird, dann kommt die Beilage meist unaufgefordert mit etwas Butter oder Schmalz, Quark oder anderen Aufstrichen auf den Tisch. Solche Beilagen sind eine gern gesehene Ergänzung zur eigentlichen Speise und können natürlich vielfältig zusammengestellt werden. Graubrot in seinen mannigfaltigen Variationen, Schwarzbrot, Weißbrot, Salzgebäck oder Knäckebrot – was auch immer zur Suppe gereicht wird, es steigert den Genuss des Ganzen.

Nachstehend ein paar Rezepte und Tipps für die Herstellung bzw. Verfeinerung von solchen Beilagen, wenn man ein wenig mehr als Brot und Aufstrich anbieten möchte...

Bruschetta

Zutaten:

1 französisches Stangenbrot oder drei bis vier Semmeln
1 Tomate
1 mittelgroße Zwiebel
2 Knoblauchzehen
2 Esslöffel Basilikum (tiefgefroren)
100 g fein geriebenen Käse (je nach Geschmack z. B. Gouda, Edamer oder Emmentaler)
Salz und Chilipulver

163 kcal je 100 g
Nährwerttabelle und Ernährungswissenschaftliche Bewertung auf Seite 107

Zubereitung:

Die gewaschene Tomate in sehr kleine Würfel schneiden. Zwiebel und Knoblauch ebenfalls sehr klein schneiden und zusammen mit den Kräutern (Basilikum) und dem Käse in einer Schüssel gut vermengen. Mit etwas Salz und Chilipulver abschmecken und beiseite stellen.

Nun das Stangenbrot (Baguette) oder wahlweise die Semmeln in recht dicke Scheiben (zwei bis drei Zentimeter dick) schneiden und mit der Gemüse-/Käsemasse großzügig bestreichen. Im vorgeheizten Backofen ca. sechs bis acht Minuten bei größter Hitze kross backen (oder im Backofengrill überbacken, bis der Käse geschmolzen und leicht gebräunt ist). Vor dem Servieren einige Minuten abkühlen lassen.

Zutaten:

Blätterteig aus dem Kühlregal (oder Frühstücks-Croissants zum Selberbacken)

150 g geriebener Käse nach Geschmack

20 g Butter

364 kcal je 100 g

Nährwerttabelle und Ernährungswissenschaftliche Bewertung auf Seite 115

Käsehörnchen

Zubereitung:

Den Blätterteig in spitzwinklige Dreiecke schneiden und – mit der Spitze in Blickrichtung – auf einem Küchenbrett auslegen. Je einen gehäuften Esslöffel geriebenen Käse in etwa drei Zentimeter Abstand zur unteren, breiten Teig-Dreieckskante auf die Länge der Kante verteilen. Nun mit beiden Händen zur Spitze hin vorsichtig einrollen.

Die gerollten Hörnchen auf ein gefettetes Backblech oder auf Backpapier legen und dabei die Enden in die typische Hörnchenform bringen (also zu einem Halbmond formen). Bei 200 Grad (Umluft 180 Grad) in ca. 12 bis 15 Minuten goldbraun backen. Die fertigen Hörnchen abschließend mit flüssiger Butter einpinseln und warm servieren.

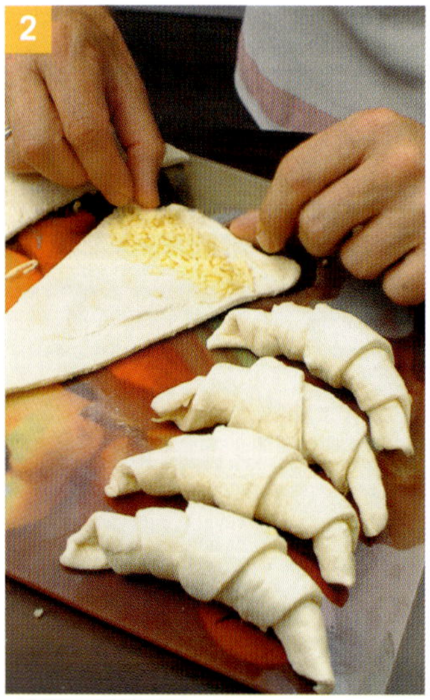

Mozzarella-Tomate

überbacken

Zubereitung:

Von dem französischen Stangenweißbrot acht Scheiben (ca. 2 Zentimeter dick) abschneiden und mit etwas Olivenöl beträufeln. Die gewaschenen Fleischtomaten in Scheiben schneiden, sodass acht gleich dicke (ca. 1 Zentimeter) Stücke entstehen. Den Rest der Tomate fein würfeln und zum abschließenden Garnieren verwenden.

Die Tomatenscheiben auf die acht Weißbrotscheiben verteilen und mit je einer Scheibe Mozzarella-Käse abdecken. Die belegten Schnittchen auf einem Backblech im vorgeheizten Backofen bei 200 Grad (Umluft 180 Grad) ca. 10 Minuten kross backen (oder im Backofengrill goldbraun überbacken). Erst nach dem Backen das gerebelte Basilikum über den Käse streuen und mit einem Blatt frischem Basilikum versehen. Die klein gewürfelten Tomatenstücke dazu geben und das Ganze mit Salz und etwas Pfeffer aus der Mühle würzen. Warm servieren.

Zutaten:

1 französisches Stangenweißbrot (Baguette)

3 große Fleischtomaten

2 Mozzarella-Kugeln in Lake

frische Basilikumblätter

getrocknetes Basilikum (gerebelt)

Olivenöl

Salz und Pfeffer

126 kcal je 100 g

Nährwerttabelle und Ernährungswissenschaftliche Bewertung auf Seite 125

Pesto-Ecken

Zutaten:

1 Portion frischer Pizzateig (ca. 200 g Hefeteigkugel)
30 ml Olivenöl
1 Knoblauchzehe
2 TL getrocknete Kräuter der Provence
1 TL getr. Oregano
1 TL getr. Basilikum (gerebelt)
Salz

287 kcal je 100 g

Nährwerttabelle und Ernährungswissenschaftliche Bewertung auf Seite 127

Zubereitung:

Den Pizzateig in einem runden Pizzablech oder in einer flachen, runden Kuchenform dünn ausrollen. (Tipp: Da die Herstellung von Pizza-Hefeteig recht zeitaufwendig ist, weil der Teig mindestens zweimal aufgehen muss, empfiehlt es sich – auch wegen der benötigten, geringen Menge – bei einem Pizzabäcker im nächstgelegenen Restaurant mit italienischer Küche anzufragen, ob man ein ungebackenes Stück Teig käuflich erwerben kann. In gut sortierten Supermärkten gibt es auch „Pizza-Fertigteig" für eine einzelne Pizza.) Das Olivenöl mit den getrockneten Kräutern vermischen. Die Knoblauchzehe pressen, ebenfalls untermischen und das Ganze mit Salz abschmecken. Die entstandene Kräutermasse mit einem Esslöffel gleichmäßig auf dem Teig verteilen und ruhig ein wenig in den Teig „eindrücken". Je nach Geschmack kann man auch eine Hand voll (ca. 50 g) geriebenen Käse (z. B. Gouda oder Emmentaler) aufstreuen. Im vorgeheizten Backofen bei größter Hitze in acht bis zehn Minuten backen, bis der Teig leicht gebräunt ist. In handlich geschnittenen Ecken in der Größe von Obstkuchenstücken warm servieren.

Pizza-Brötchen
mit Kräuter-Knoblauch

Zutaten *(für 6 Personen):*
1 Portion Pizzateig
(Tipp: fertig vom Pizza-Restaurant in nächster Nähe)
1 EL Weizen-Auszugsmehl
40 ml Olivenöl
1 TL Butter
1/2 TL Kräutersalz
1 Knoblauchzehe

327 kcal je 100 g
Nährwerttabelle und Ernährungswissenschaftliche Bewertung auf Seite 129

Zubereitung:
Den fertigen Pizzateig mit etwas Mehl bestreuen und auf einem trockenen Untergrund zu einer Rolle von ca. drei bis vier Zentimeter Dicke formen. Diese Teigrolle mit einem Messer in zwei Zentimeter breite, gleichmäßige Abschnitte schneiden und diese dann mit den Händen zu ca. acht bis zehn kleinen Kugeln formen. Ein Pizzablech (oder ein normales Backblech) mit Butter einfetten und die Hefeteigkugeln darauf verteilen. Dabei darauf achten, dass zwischen den einzelnen Kugeln jeweils mindestens zwei Zentimeter Abstand bleibt, damit die Brötchen nicht aneinander backen. Im Backofen bei höchster Temperatur in ca. 10 Minuten goldbraun werden lassen.

In der Zwischenzeit die Knoblauchzehe fein hacken (oder durch eine Knoblauchpresse geben) und mit dem Olivenöl sowie dem Kräutersalz vermischen. Das gewürzte Öl mit einem Küchenpinsel auf die noch heißen Pizza-Brötchen streichen und einziehen lassen. Noch warm servieren.

...wissen, was man isst

Wer sich gesund ernähren will, sollte genau Bescheid wissen! Wie viele Kalorien, Mineralstoffe, Fette, Spurenelemente, Ballaststoffe, Vitamine und welche davon, enthält meine Mahlzeit, zum Beispiel ein Teller Suppe. Welche Lebensmittel haben eine krebshemmende Wirkung? Welche Bestandteile können bestimmten Herz-Kreislauf-Krankheiten vorbeugen? Wie hochwertig ist die Fettzusammensetzung und -qualität? Die Beantwortung dieser Fragen ist für viele Menschen, die ein ernährungsbewusstes und gesundes Leben führen möchten, einfach wichtig.

Dass für dieses Buch vom Herausgeber Ernst Gustav Lüttgau der bekannte und renommierte Ernährungswissenschaftler von der Georg-August-Universität Göttingen, Dr. med. Thomas Ellrott, gewonnen werden konnte, ist gewiss als Glücksfall anzusehen. Seine Bewertungen und Analysen sind als absolut seriöse, wissenschaftliche Begleitung anerkannt.

Liebe Hobbyköchin, lieber Hobbykoch,

es ist nicht allein ein aus Sicht verfallender Esskultur beklagenswerter Trend, dass heute immer weniger Suppen verspeist werden. Auch von wissenschaftlicher Seite spricht einiges für Suppen. Durch ihren hohen Wassergehalt sind Suppen generell wenig energiedichte Speisen, d. h. pro 100 Gramm sind nur relativ wenige Kalorien enthalten. Heute weiß man, dass Lebensmittel mit geringer Energiedichte günstig für das Körpergewicht sind. Es gibt einige wissenschaftliche Studien, die zeigen, dass Suppen als Vorspeise zur Reduktion der Kalorienaufnahme der Gesamtmahlzeit führen. Dieser Effekt ist bei Suppen mit Stücken (z. B. Pilze, Gemüse) besonders groß.

Darüber hinaus enthalten gerade Suppen oft erhebliche Menge Gemüse mit einer Vielzahl gesundheitsfördernder Eigenschaften. Der Gehalt an Vitaminen, Mineralstoffen, Spurenelementen, Ballaststoffen und sekundären Pflanzenstoffen ist vor allem im Verhältnis zum niedrigen Kaloriengehalt bei vielen Suppenrezepten außerordentlich hoch.

Hennings Suppen sind ein sehr vielfältiges Spektrum: Von der Restesuppe bis zur Edelpilzsuppe. Für jede einzelne Suppe finden Sie eine Nährwertberechnung wie auch eine Bewertung der gesundheitlichen Vorzüge. Die Nährwertberechnungen und Bewertungen gelten zumeist für große Portionen (Teller à etwa 400 ml). In diesen Portionen stellen Suppen energiearme Hauptmahlzeiten dar. Wer die Suppen nur als Vorspeise einsetzen möchte, kann mit etwa 200 ml pro Suppentasse rechnen. Alle Nährwertdaten sind dann durch zwei zu teilen.

Guten Appetit wünscht Ihnen Ihr
Dr. med. Thomas Ellrott

Acht Kräuter

Gerade mal 350 kcal enthält ein großer Teller à 400 ml. Dafür stecken aber jede Menge Vitamine, Mineralstoffe und Spurenelemente in der Acht Kräuter-Suppe. Vor allem enthält diese Suppe größere Mengen an Beta-Carotin und Vitamin E, aber auch Vitamin C, Eisen, Calcium und Magnesium. 6 Gramm Ballaststoffe pro Portion sind bereits ein Fünftel der empfohlenen Tagesmenge, die übrigens viele Menschen nicht annähernd schaffen. Die Fettzusammensetzung ist nicht ganz optimal, da alles Fett Milchfett ist (Butter und Käse). Der Anteil gesättigter Fettsäuren ist etwas zu hoch. Natürlich lässt sich das im Rahmen anderer Mahlzeiten mit entsprechend höherem Anteil an Fett aus Ölen ausgleichen. 15 Gramm Fett pro großem Teller sind zwar nicht wenig, für eine ganze Mahlzeit aber noch im Rahmen.

Inhaltsstoff	Menge / Portion	Menge / 100 g
Energie	347 kcal	84,9 kcal
Fett	14,7 g	3,59 g
Kohlenhydrate	44,5 g	10,9 g
Protein	8,85 g	2,16 g
Vitamin A (Retinol)	111 µg	27,2 µg
ß-Carotin	2,09 mg	512 µg
Vitamin D (Calciferol)	418 ng	102 ng
Vitamin E (Tocopherol)	1,53 mg	374 µg
Vitamin B1 (Thiamin)	116 µg	28,4 µg
Vitamin B2 (Riboflavin)	195 µg	47,8 µg
Niacin (Nicotinsäure)	1,58 mg	385 µg
Vitamin B6 (Pyridoxin)	191 µg	46,6 µg
Gesamte Folsäure	36,1 µg	8,81 µg
Vitamin B12 (Cobalamin)	37,5 ng	9,17 ng
Vitamin C (Ascorbinsäure)	37,5 mg	9,16 mg
Natrium	987 mg	241 mg
Kalium	633 mg	155 mg
Calcium	0,18 g	44 mg
Magnesium	52,9 mg	12,9 mg
Eisen	4,03 mg	985 µg
Zink	1,11 mg	272 µg
Jod	39,8 µg	9,72 µg
Ballaststoffe	6,12 g	1,5 g
Cholesterin	36,9 mg	9,02 mg
Gesättigte Fettsäuren	7,72 g	1,89 g
Einfach ungesättigte Fettsäuren	4,89 g	1,19 g
Mehrfach ungesättigte Fettsäuren	982 mg	0,24 g
Omega-3 Fettsäuren	336 mg	82,1 mg
Omega-6 Fettsäuren	646 mg	158 mg

Austernpilze

Inhaltsstoff	Menge / Portion	Menge / 100 g
Energie	274 kcal	70,7 kcal
Fett	23,7 g	6,11 g
Kohlenhydrate	8,46 g	2,19 g
Protein	7,13 g	1,84 g
Vitamin A (Retinol)	90 µg	23,2 µg
ß-Carotin	0,63 mg	163 µg
Vitamin D (Calciferol)	2,19 µg	565 ng
Vitamin E (Tocopherol)	3,97 mg	1,03 mg
Vitamin B1 (Thiamin)	184 µg	47,5 µg
Vitamin B2 (Riboflavin)	656 µg	0,17 mg
Niacin (Nicotinsäure)	5,85 mg	1,51 mg
Vitamin B6 (Pyridoxin)	235 µg	60,7 µg
Gesamte Folsäure	49,7 µg	12,8 µg
Vitamin B12 (Cobalamin)	453 ng	117 ng
Vitamin C (Ascorbinsäure)	18,3 mg	4,72 mg
Natrium	717 mg	185 mg
Kalium	0,74 g	191 mg
Calcium	158 mg	40,7 mg
Magnesium	39,8 mg	10,3 mg
Eisen	2,03 mg	526 µg
Zink	1,25 mg	322 µg
Jod	57 µg	14,7 µg
Ballaststoffe	4,18 g	1,08 g
Cholesterin	27,1 mg	7 mg
Gesättigte Fettsäuren	6,9 g	1,78 g
Einfach ungesättigte Fettsäuren	9,07 g	2,34 g
Mehrfach ungesättigte Fettsäuren	6,48 g	1,67 g
Omega-3 Fettsäuren	0,34 g	87,9 mg
Omega-6 Fettsäuren	6,14 g	1,59 g

Im Geschmack liegen Austernpilze zwischen Pfifferlingen und Champignons, auf der Nährwertseite ist ihr hoher Eiweißgehalt hervorzuheben. Der große Teller kommt auf nicht einmal 300 kcal. Diese Energie stammt hauptsächlich aus Fett. 24 g pro Teller sind schon üppig. Dafür ist das Fett aber sehr günstig zusammengesetzt. Es überwiegen die einfach ungesättigten Fettsäuren. Die Suppe ist reich an Kalium (u. a. günstig für den Blutdruck) und enthält relevante Mengen Calcium und Magnesium. Auf der Vitaminseite fällt vor allem der hohe Gehalt an Vitamin E ins Auge, der durch die Verwendung von Traubenkernöl und Olivenöl zu erklären ist. Vitamin E hemmt entzündliche Prozesse und scheint auch in der Vorbeugung bestimmter Herz-Kreislauf-Krankheiten wirksam zu sein.

Eine kalorienarme Angelegenheit ist die Blaue Kartoffelsuppe. 170 kcal für einen großen Teller ist wirklich nicht viel. Das Geheimnis: Der Fettgehalt ist sehr niedrig, unter einem Gramm in 100 ml Suppe. Dennoch macht die Suppe durch die vielen Kartoffeln gut satt. Ein Teller deckt mit annähernd 50 mg auch fast den Tagesbedarf von 75 mg Vitamin C. Durch den hohen Kartoffelgehalt ist die Suppe sehr reich an Kalium, beinahe 1 Gramm pro Teller. Jodsalz bringt den Jodgehalt auf 40 Mikrogramm, das ist etwa 1/5 des Tagesbedarfs. 6 g Ballaststoffe pro Teller sind auch nicht zu verachten.

Blaue Kartoffel

Inhaltsstoff	Menge / Portion	Menge / 100 g
Energie	173 kcal	40,5 kcal
Fett	3,47 g	813 mg
Kohlenhydrate	29,2 g	6,84 g
Protein	4,84 g	1,14 g
Vitamin A (Retinol)	20,6 µg	4,84 µg
ß-Carotin	1,48 mg	347 µg
Vitamin D (Calciferol)	225 ng	52,8 ng
Vitamin E (Tocopherol)	643 µg	151 µg
Vitamin B1 (Thiamin)	0,27 mg	63,3 µg
Vitamin B2 (Riboflavin)	0,17 mg	39,9 µg
Niacin (Nicotinsäure)	3,04 mg	712 µg
Vitamin B6 (Pyridoxin)	644 µg	151 µg
Gesamte Folsäure	65,6 µg	15,4 µg
Vitamin C (Ascorbinsäure)	47,9 mg	11,2 mg
Natrium	826 mg	194 mg
Kalium	926 mg	217 mg
Calcium	98,6 mg	23,1 mg
Magnesium	51,2 mg	12 mg
Eisen	1,87 mg	439 µg
Zink	1,32 mg	308 µg
Jod	40,4 µg	9,47 µg
Ballaststoffe	6,4 g	1,5 g
Cholesterin	9,38 mg	2,2 mg
Gesättigte Fettsäuren	1,93 g	454 mg
Einfach ungesättigte Fettsäuren	943 mg	221 mg
Mehrfach ungesättigte Fettsäuren	333 mg	78 mg
Omega-3 Fettsäuren	92 mg	21,6 mg
Omega-6 Fettsäuren	241 mg	56,5 mg

Blumenkohl mit Kartoffelcroutons

Inhaltsstoff	Menge / Portion	Menge / 100 g
Energie	139 kcal	37,6 kcal
Fett	8,73 g	2,36 g
Kohlenhydrate	10,2 g	2,76 g
Protein	4,52 g	1,22 g
Vitamin A (Retinol)	21,2 µg	5,75 µg
ß-Carotin	755 µg	204 µg
Vitamin D (Calciferol)	0,15 µg	40,6 ng
Vitamin E (Tocopherol)	1,19 mg	322 µg
Vitamin B1 (Thiamin)	202 µg	54,8 µg
Vitamin B2 (Riboflavin)	185 µg	50,1 µg
Niacin (Nicotinsäure)	1,75 mg	474 µg
Vitamin B6 (Pyridoxin)	407 µg	0,11 mg
Gesamte Folsäure	83,2 µg	22,5 µg
Vitamin C (Ascorbinsäure)	99,2 mg	26,8 mg
Natrium	484 mg	131 mg
Kalium	668 mg	181 mg
Calcium	48,6 mg	13,2 mg
Magnesium	38,6 mg	10,4 mg
Eisen	1,44 mg	0,39 mg
Zink	672 µg	182 µg
Jod	20,3 µg	5,48 µg
Ballaststoffe	5,46 g	1,48 g
Cholesterin	6,31 mg	1,71 mg
Gesättigte Fettsäuren	2,23 g	604 mg
Einfach ungesättigte Fettsäuren	5,09 g	1,38 g
Mehrfach ungesättigte Fettsäuren	923 mg	0,25 g
Omega-3 Fettsäuren	243 mg	65,8 mg
Omega-6 Fettsäuren	0,68 g	184 mg

Der große Teller bringt es auf nicht einmal 150 kcal. Wenig Kalorien, aber viele Nährstoffe. So steckt in dieser Suppe viel Folsäure (gut für die Blutbildung und gegen Herz-Kreislauf-Krankheiten, verhindert bei Schwangeren Spalt-Missbildungen). 85 Mikrogramm decken bereits etwa ein Viertel des Tagesbedarfs an diesem Nährstoff. Weil Blumenkohl, Kartoffeln und auch Paprika viel Vitamin C enthalten, kommt diese Suppe auf einen guten Wert von fast 100 mg für einen Teller. Das ist sogar mehr als der geschätzte Tagesbedarf von 75 mg. Vergleichbar sieht es beim Kalium aus: 0,7 Gramm sind viel. Auch der Gehalt an Magnesium und Ballaststoffen ist vor allem in Anbetracht der geringen Kalorienmenge hoch.

Bohnen-Mais

Der mittelgroße Teller liefert gerade mal 160 Kalorien. Somit ist diese Suppe auch hervorragend als Vorspeise geeignet. Sie liefert gleichzeitig von allem ein bisschen – ob Vitamine, Mineralstoffe oder Spurenelemente. Das Fett stammt aus dem besonders günstig zusammengesetzten Rapsöl (Rüböl). Rapsöl zeichnet sich durch seinen hohen Gehalt an einfach ungesättigter Ölsäure aus. Darüber hinaus enthält Rapsöl viel mehr Omega-3-Fettsäuren als andere Pflanzenöle (sog. Alpha-Linolensäure). Diese beugen Entzündungen vor und sind besonders herzgesund. Rapsöl ist neben Fischöl die Hauptquelle für diese besonders gesundheitsfördernden Fette.

Inhaltsstoff	Menge / Portion	Menge / 100 g
Energie	157 kcal	51,7 kcal
Fett	10,3 g	3,39 g
Kohlenhydrate	12,4 g	4,09 g
Protein	3,53 g	1,16 g
Vitamin A (Retinol)	13,8 µg	4,52 µg
ß-Carotin	976 µg	321 µg
Vitamin D (Calciferol)	0,15 µg	49,3 ng
Vitamin E (Tocopherol)	2,3 mg	758 µg
Vitamin B1 (Thiamin)	125 µg	41 µg
Vitamin B2 (Riboflavin)	141 µg	46,4 µg
Niacin (Nicotinsäure)	1,44 mg	474 µg
Vitamin B6 (Pyridoxin)	198 µg	65,1 µg
Gesamte Folsäure	25,7 µg	8,45 µg
Vitamin C (Ascorbinsäure)	17,2 mg	5,66 mg
Natrium	1,01 g	332 mg
Kalium	374 mg	123 mg
Calcium	58,3 mg	19,2 mg
Magnesium	48,1 mg	15,8 mg
Eisen	1,33 mg	437 µg
Zink	915 µg	301 µg
Jod	34,1 µg	11,2 µg
Ballaststoffe	4,37 g	1,44 g
Cholesterin	6,4 mg	2,11 mg
Gesättigte Fettsäuren	1,93 g	636 mg
Einfach ungesättigte Fettsäuren	4,91 g	1,61 g
Mehrfach ungesättigte Fettsäuren	2,85 g	937 mg
Omega-3 Fettsäuren	795 mg	262 mg
Omega-6 Fettsäuren	2,02 g	666 mg

Breitlauch-Käse

Inhaltsstoff	Menge / Portion	Menge / 100 g
Energie	258 kcal	51,3 kcal
Fett	19,2 g	3,82 g
Kohlenhydrate	9,55 g	1,9 g
Protein	11,8 g	2,35 g
Vitamin A (Retinol)	103 µg	20,4 µg
ß-Carotin	2,76 mg	549 µg
Vitamin D (Calciferol)	0,44 µg	87,6 ng
Vitamin E (Tocopherol)	3,2 mg	637 µg
Vitamin B1 (Thiamin)	177 µg	35,3 µg
Vitamin B2 (Riboflavin)	367 µg	73 µg
Niacin (Nicotinsäure)	1,81 mg	0,36 mg
Vitamin B6 (Pyridoxin)	431 µg	85,9 µg
Gesamte Folsäure	88 µg	17,5 µg
Vitamin B12 (Cobalamin)	1 µg	199 ng
Vitamin C (Ascorbinsäure)	43,6 mg	8,68 mg
Natrium	1,48 g	296 mg
Kalium	619 mg	123 mg
Calcium	448 mg	89,3 mg
Magnesium	56,1 mg	11,2 mg
Eisen	2,71 mg	539 µg
Zink	2,38 mg	474 µg
Jod	55,7 µg	11,1 µg
Ballaststoffe	5,03 g	1 g
Cholesterin	28,7 mg	5,71 mg
Gesättigte Fettsäuren	7,44 g	1,48 g
Einfach ungesättigte Fettsäuren	7,49 g	1,49 g
Mehrfach ungesättigte Fettsäuren	3,15 g	628 mg
Omega-3 Fettsäuren	1,01 g	201 mg
Omega-6 Fettsäuren	2,12 g	422 mg

Lauch bzw. Porree enthält viel Provitamin A (Beta-Carotin) und viel Vitamin C. So hat ein großer Teller dieser Suppe mit knapp 3 mg Provitamin A und 45 mg Vitamin C über den halben Tagesbedarf für diese Nährstoffe bereits integriert. Mit gut 250 kcal ist der Energiegehalt im Rahmen. Ein großer Teil der Kalorien stammt aus dem Schmelzkäse. Milchfett hat einen recht hohen Anteil gesättigter Fettsäuren. Auch die geringe Menge Rapsöl kann das Fettsäureprofil nur mäßig verbessern. Aber der Rest des Tages lässt natürlich genügend Möglichkeiten, dies auszugleichen.

Broccoli-Tomate

Bei gerade mal 90 kcal pro großem Teller könnte man zu Recht auch von einer Diät-Suppe sprechen. Trotzdem enthält die Suppe gleichzeitig viele Nährstoffe wie eine größere Menge Provitamin A (Beta-Carotin) und richtig viel Vitamin C, nämlich weit mehr als den Tagesbedarf. Dieses Vitamin C stammt aus dem Broccoli, der auch große Mengen weiterer sekundärer Pflanzenstoffe enthält, die eine vorbeugende Wirkung gegen Krebs haben. Die Tomaten liefern große Mengen vom roten Farbstoff Lycopin, der ebenfalls eine krebshemmende Wirkung hat. Der Fettgehalt absolut ist so niedrig, dass die Fettsäurezusammensetzung rein mengenmäßig nicht relevant ist.

Inhaltsstoff	Menge / Portion	Menge / 100 g
Energie	90,1 kcal	20,3 kcal
Fett	4,55 g	1,03 g
Kohlenhydrate	6,71 g	1,52 g
Protein	5,06 g	1,14 g
Vitamin A (Retinol)	27,5 µg	6,21 µg
ß-Carotin	2,45 mg	554 µg
Vitamin D (Calciferol)	0,3 µg	67,8 ng
Vitamin E (Tocopherol)	1,71 mg	386 µg
Vitamin B1 (Thiamin)	0,18 mg	40,6 µg
Vitamin B2 (Riboflavin)	271 µg	61,1 µg
Niacin (Nicotinsäure)	2,26 mg	0,51 mg
Vitamin B6 (Pyridoxin)	316 µg	71,3 µg
Gesamte Folsäure	116 µg	26,1 µg
Vitamin C (Ascorbinsäure)	127 mg	28,7 mg
Natrium	948 mg	214 mg
Kalium	714 mg	161 mg
Calcium	148 mg	33,5 mg
Magnesium	48,8 mg	11 mg
Eisen	2,53 mg	572 µg
Zink	1,13 mg	255 µg
Jod	50,1 µg	11,3 µg
Ballaststoffe	5,56 g	1,26 g
Cholesterin	12,5 mg	2,82 mg
Gesättigte Fettsäuren	2,54 g	573 mg
Einfach ungesättigte Fettsäuren	1,26 g	286 mg
Mehrfach ungesättigte Fettsäuren	417 mg	94,2 mg
Omega-3 Fettsäuren	176 mg	39,7 mg
Omega-6 Fettsäuren	241 mg	54,4 mg

Bruschetta

Inhaltsstoff	Menge / Portion	Menge / 100 g
Energie	199 kcal	163 kcal
Fett	4,83 g	3,94 g
Kohlenhydrate	27,1 g	22,1 g
Protein	11,1 g	9,09 g
Vitamin A (Retinol)	46,5 µg	38 µg
ß-Carotin	308 µg	252 µg
Vitamin E (Tocopherol)	548 µg	447 µg
Vitamin B1 (Thiamin)	68,5 µg	55,9 µg
Vitamin B2 (Riboflavin)	136 µg	111 µg
Niacin (Nicotinsäure)	636 µg	519 µg
Vitamin B6 (Pyridoxin)	111 µg	90,5 µg
Gesamte Folsäure	29 µg	23,7 µg
Vitamin B12 (Cobalamin)	0,5 µg	408 ng
Vitamin C (Ascorbinsäure)	8,89 mg	7,26 mg
Natrium	865 mg	706 mg
Kalium	182 mg	148 mg
Calcium	244 mg	199 mg
Magnesium	27,8 mg	22,7 mg
Eisen	1,12 mg	915 µg
Zink	1,57 mg	1,28 mg
Jod	34,3 µg	28 µg
Ballaststoffe	2,21 g	1,81 g
Cholesterin	9,25 mg	7,55 mg
Gesättigte Fettsäuren	2,63 g	2,14 g
Einfach ungesättigte Fettsäuren	1,37 g	1,12 g
Mehrfach ungesättigte Fettsäuren	459 mg	375 mg
Omega-3 Fettsäuren	92,5 mg	75,5 mg
Omega-6 Fettsäuren	353 mg	288 mg

Eine herrliche Vorspeise oder gar Beilage zu einer guten Suppe, die kalorienmäßig im Rahmen bleibt. 120 Gramm, das sind etwa 4-5 Bruschetta, liefern 200 kcal. Kombiniert mit einer Suppe (großer Teller) hat man so ein buntes Hauptgericht. Der Fettgehalt dieses Bruschetta-Rezepts ist niedrig, und so passen Hennings Bruschettas gut zu den etwas fettreicheren Suppen. Vitamine und Co. sind in den Suppen meist in größerer Menge zu finden als in diesen Häppchen. Allein Calcium enthalten die Bruschettas in höherer Dosis: 240 mg.

Champignon

Nicht gerade fettarm, diese Suppe. So enthält ein großer Teller bereits 23 Gramm Fett, das ist etwa 1/3 des Tagesbedarfs. Der hohe Fettgehalt erklärt auch die 300 Kalorien pro Portion. Dabei ist das Fett aber recht günstig zusammengesetzt. Das erreicht der Koch durch die Kombination von Milchfett (Schmelzkäse) und Sesamöl. Weil viel Käse in der Suppe steckt, ist sie auch ein außerordentlich guter Calcium-Lieferant. Über 500 mg Calcium pro Portion bedeutet etwa die Hälfte des Tagesbedarfs allein durch diese Suppe. Starke Knochen im Alter werden es danken.

Inhaltsstoff	Menge / Portion	Menge / 100 g
Energie	301 kcal	62,6 kcal
Fett	23,3 g	4,85 g
Kohlenhydrate	8,37 g	1,74 g
Protein	14,7 g	3,06 g
Vitamin A (Retinol)	108 µg	22,4 µg
ß-Carotin	1,52 mg	317 µg
Vitamin D (Calciferol)	2,41 µg	502 ng
Vitamin E (Tocopherol)	1,37 mg	285 µg
Vitamin B1 (Thiamin)	194 µg	40,4 µg
Vitamin B2 (Riboflavin)	0,75 mg	156 µg
Niacin (Nicotinsäure)	6,54 mg	1,36 mg
Vitamin B6 (Pyridoxin)	264 µg	54,8 µg
Gesamte Folsäure	50,4 µg	10,5 µg
Vitamin B12 (Cobalamin)	1 µg	208 ng
Vitamin C (Ascorbinsäure)	24,5 mg	5,09 mg
Natrium	1,05 g	219 mg
Kalium	807 mg	168 mg
Calcium	521 mg	108 mg
Magnesium	58,4 mg	12,1 mg
Eisen	2,95 mg	613 µg
Zink	3,15 mg	656 µg
Jod	47,9 µg	9,95 µg
Ballaststoffe	5,22 g	1,09 g
Cholesterin	27,1 mg	5,64 mg
Gesättigte Fettsäuren	7,95 g	1,65 g
Einfach ungesättigte Fettsäuren	8,13 g	1,69 g
Mehrfach ungesättigte Fettsäuren	5,99 g	1,25 g
Omega-3 Fettsäuren	423 mg	87,9 mg
Omega-6 Fettsäuren	5,57 g	1,16 g

Chinakohl mit Selleriestreifen

Inhaltsstoff	Menge / Portion	Menge / 100 g
Energie	251 kcal	50,3 kcal
Fett	22,3 g	4,48 g
Kohlenhydrate	8,47 g	1,7 g
Protein	4,04 g	0,81 g
Vitamin A (Retinol)	33,5 µg	6,72 µg
ß-Carotin	2,44 mg	489 µg
Vitamin D (Calciferol)	0,3 µg	60,2 ng
Vitamin E (Tocopherol)	2,23 mg	448 µg
Vitamin B1 (Thiamin)	162 µg	32,4 µg
Vitamin B2 (Riboflavin)	202 µg	40,5 µg
Niacin (Nicotinsäure)	2,15 mg	431 µg
Vitamin B6 (Pyridoxin)	376 µg	75,3 µg
Gesamte Folsäure	125 µg	25 µg
Vitamin C (Ascorbinsäure)	58,8 mg	11,8 mg
Natrium	1,22 g	245 mg
Kalium	607 mg	122 mg
Calcium	173 mg	34,6 mg
Magnesium	42,8 mg	8,6 mg
Eisen	2,47 mg	496 µg
Zink	1,42 mg	285 µg
Jod	38,9 µg	7,79 µg
Ballaststoffe	7 g	1,4
Cholesterin	12,7 mg	2,54 mg
Gesättigte Fettsäuren	5,01 g	1,01 g
Einfach ungesättigte Fettsäuren	9,87 g	1,98 g
Mehrfach ungesättigte Fettsäuren	6,3 g	1,26 g
Omega-3 Fettsäuren	396 mg	79,3 mg
Omega-6 Fettsäuren	5,9 g	1,18 g

Durch viel pflanzliches Öl ist diese Kreation zwar kein Low Fat-Gericht, aber die Fettsäurekomposition ist günstig. Es überwiegen einfach ungesättigte Fettsäuren. Auch der Gehalt an Provitamin A (Beta-Carotin) kann sich sehen lassen: 2,5 mg pro Teller sind ein hoher Wert. Gleiches gilt für die fast 60 mg Vitamin C. Viele Ballaststoffe machen satt und fördern eine geregelte Verdauung. Der Energiegehalt liegt mit 250 kcal pro großem Teller Suppe im mittleren Bereich und wird durch den hohen Ölanteil erklärt.

An den Pfifferlingen liegt es nicht, dass diese Suppe ganz schön viel Fett enthält. Es ist die Kombination aus Schmelzkäse (trotz der fettarmen Variante), Sesamöl und Eigelb. Durch den Ölanteil ist die Fettsäurekomposition noch günstig. Allerdings führt das Eigelb dazu, dass das tägliche Cholesterinkonto bereits durch die Suppe gefüllt ist: 300 mg gelten als die empfohlene Obergrenze (die man an dem einen oder anderen Tag auch mal überschreiten darf, wenn an gewöhnlichen Tagen wieder eingespart wird). Auf der anderen Seite ist die Suppe eine gute Quelle für Ballaststoffe, Calcium, Folsäure und Eisen. Letztere sind wichtige Bausteine für rote Blutkörperchen.

Eierschwammerl (Pfifferlinge)

Inhaltsstoff	Menge / Portion	Menge / 100 g
Energie	320 kcal	59,6 kcal
Fett	27,5 g	5,12 g
Kohlenhydrate	5,03 g	937 mg
Protein	13,7 g	2,55 g
Vitamin A (Retinol)	274 µg	51,1 µg
ß-Carotin	1,96 mg	364 µg
Vitamin D (Calciferol)	4,05 µg	755 ng
Vitamin E (Tocopherol)	2,11 mg	393 µg
Vitamin B1 (Thiamin)	127 µg	23,6 µg
Vitamin B2 (Riboflavin)	0,6 mg	112 µg
Niacin (Nicotinsäure)	8,53 mg	1,59 mg
Vitamin B6 (Pyridoxin)	207 µg	38,6 µg
Gesamte Folsäure	76,9 µg	14,3 µg
Vitamin B12 (Cobalamin)	1,44 µg	268 ng
Vitamin C (Ascorbinsäure)	13 mg	2,43 mg
Natrium	1,14 g	213 mg
Kalium	854 mg	159 mg
Calcium	377 mg	70,1 mg
Magnesium	47,1 mg	8,78 mg
Eisen	10,6 mg	1,97 mg
Zink	3,56 mg	664 µg
Jod	59,3 µg	11 µg
Ballaststoffe	7,99 g	1,49 g
Cholesterin	296 mg	55,1 mg
Gesättigte Fettsäuren	8,53 g	1,59 g
Einfach ungesättigte Fettsäuren	9,96 g	1,86 g
Mehrfach ungesättigte Fettsäuren	6,72 g	1,25 g
Omega-3 Fettsäuren	763 mg	142 mg
Omega-6 Fettsäuren	5,96 g	1,11 g

Fenchel-Rucola

Inhaltsstoff	Menge / Portion	Menge / 100 g
Energie	197 kcal	32,5 kcal
Fett	12,6 g	2,08 g
Kohlenhydrate	12,2 g	2,01 g
Protein	8,33 g	1,37 g
Vitamin A (Retinol)	27,5 µg	4,53 µg
ß-Carotin	13,3 mg	2,19 mg
Vitamin D (Calciferol)	0,3 µg	49,5 ng
Vitamin E (Tocopherol)	17 mg	2,8 mg
Vitamin B1 (Thiamin)	646 µg	107 µg
Vitamin B2 (Riboflavin)	0,4 mg	66 µg
Niacin (Nicotinsäure)	2,02 mg	332 µg
Vitamin B6 (Pyridoxin)	413 µg	68,1 µg
Gesamte Folsäure	288 µg	47,6 µg
Vitamin C (Ascorbinsäure)	252 mg	41,6 mg
Natrium	1,14 g	187 mg
Kalium	1,63 g	268 mg
Calcium	333 mg	54,8 mg
Magnesium	146 mg	24,1 mg
Eisen	8,13 mg	1,34 mg
Zink	1,38 mg	227 µg
Jod	50,5 µg	8,33 µg
Ballaststoffe	13,2 g	2,18 g
Cholesterin	12,6 mg	2,09 mg
Gesättigte Fettsäuren	3,25 g	536 mg
Einfach ungesättigte Fettsäuren	5,41 g	893 mg
Mehrfach ungesättigte Fettsäuren	3,15 g	519 mg
Omega-3 Fettsäuren	948 mg	156 mg
Omega-6 Fettsäuren	2,17 g	358 mg

Kaloriengehalt eher niedrig, Fettqualität hervorragend, höchster Gehalt an Provitamin A (Beta-Carotin), Vitamin E, Folsäure und Vitamin C. So lautet die Kurzbewertung. In der Tat hat es diese Suppe in sich. Ein sehr großer Teller (ca. 600 ml = 2 mittlere Teller) enthält sagenhafte 13 mg Provitamin A, 17 mg Vitamin E, 288 µg Folsäure und unglaubliche 250 mg Vitamin C. Alles sind antioxidativ wirkende Vitamine, die im Körper wichtige Schutzfunktionen wahrnehmen. Der natürliche Gehalt eines Tellers Suppe an Vitamin C übertrifft sogar die meisten Vitamin C-Brausetabletten (75-100 mg/Tbl.). Die besonders gute Fettqualität ist Folge des Einsatzes von Rapsöl. In Anbetracht der großen Portion bleibt eine Fettmenge von 13 g dennoch im Rahmen. Nicht zu vergessen: der sehr hohe Gehalt an Ballaststoffen. Diese Suppe ist nicht allein Genuss, sondern Gesundheit pur.

Kalorienarm und lecker. Dabei ist diese Gemüsebrühe aber mit weit mehr Nährstoffen gespickt als Wasser oder Light-Limonaden. Wer mag, kann einen Teil der Brühe für später einfrieren. Anders als bei vielen käuflichen Trockenbrühen wird hier einzig und allein Rapsöl als Fett verwendet, keine tierischen oder gehärteten pflanzlichen Fette. Die fertige Brühe ist ein fettarmes Lebensmittel und das Fett, das noch drinsteckt, ist auch noch bestmöglich zusammengesetzt.

Gemüsebrühe für 5 Liter Suppe

Inhaltsstoff	Menge / Portion	Menge / 100 g
Energie	33,4 kcal	10,4 kcal
Fett	2,61 g	813 mg
Kohlenhydrate	1,74 g	543 mg
Protein	754 mg	235 mg
ß-Carotin	1,79 mg	558 µg
Vitamin E (Tocopherol)	834 µg	0,26 mg
Vitamin B1 (Thiamin)	29,4 µg	9,17 µg
Vitamin B2 (Riboflavin)	31,8 µg	9,89 µg
Niacin (Nicotinsäure)	351 µg	109 µg
Vitamin B6 (Pyridoxin)	81,7 µg	25,4 µg
Gesamte Folsäure	10,2 µg	3,18 µg
Vitamin C (Ascorbinsäure)	5,8 mg	1,81 mg
Natrium	128 mg	39,9 mg
Kalium	148 mg	46,1 mg
Calcium	43,8 mg	13,7 mg
Magnesium	10,2 mg	3,17 mg
Eisen	0,68 mg	212 µg
Zink	486 µg	151 µg
Jod	16,1 µg	5 µg
Ballaststoffe	1,8 g	0,56 g
Cholesterin	50 µg	15,6 µg
Gesättigte Fettsäuren	219 mg	68,1 mg
Einfach ungesättigte Fettsäuren	1,39 g	432 mg
Mehrfach ungesättigte Fettsäuren	869 mg	271 mg
Omega-3 Fettsäuren	251 mg	78,4 mg
Omega-6 Fettsäuren	608 mg	189 mg

Herrenpilze (Steinpilzsuppe)

Inhaltsstoff	Menge / Portion	Menge / 100 g
Energie	283 kcal	74,1 kcal
Fett	21,8 g	5,71 g
Kohlenhydrate	10,8 g	2,82 g
Protein	11,3 g	2,95 g
Vitamin A (Retinol)	35,9 µg	9,39 µg
ß-Carotin	403 µg	105 µg
Vitamin D (Calciferol)	3,99 µg	1,04 µg
Vitamin E (Tocopherol)	1,4 mg	367 µg
Vitamin B1 (Thiamin)	131 µg	34,4 µg
Vitamin B2 (Riboflavin)	825 µg	216 µg
Niacin (Nicotinsäure)	6,57 mg	1,72 mg
Vitamin B6 (Pyridoxin)	152 µg	39,8 µg
Gesamte Folsäure	43,6 µg	11,4 µg
Vitamin B12 (Cobalamin)	937 ng	245 ng
Vitamin C (Ascorbinsäure)	8,02 mg	2,1 mg
Natrium	724 mg	0,19 g
Kalium	766 mg	201 mg
Calcium	272 mg	71,2 mg
Magnesium	44,1 mg	11,6 mg
Eisen	1,95 mg	509 µg
Zink	1,76 mg	0,46 mg
Jod	54,2 µg	14,2 µg
Ballaststoffe	9,2 g	2,41 g
Cholesterin	13,9 mg	3,64 mg
Gesättigte Fettsäuren	4,53 g	1,19 g
Einfach ungesättigte Fettsäuren	6,75 g	1,77 g
Mehrfach ungesättigte Fettsäuren	9,46 g	2,47 g
Omega-3 Fettsäuren	1,58 g	414 mg
Omega-6 Fettsäuren	7,77 g	2,03 g

Eine intensiv nach Pilzen schmeckende Rahmsuppe mit hochwertigen Pflanzenölen statt Milchfett. Der Kalorien- und Fettgehalt liegt mit etwa 280 kcal und 22 g Fett für einen Teller Suppe recht hoch. Anders als bei Pilzsuppen mit Sahne überwiegen hier jedoch die einfach und mehrfach ungesättigten Fettsäuren, die die Blutfettwerte günstig beeinflussen und einen vorbeugenden Effekt auf Herz-Kreislaufkrankheiten haben. Zusätzlich stecken ordentliche Mengen Vitamine, v. a. Folsäure, und Mineralstoffe, v. a. Kalium und Calcium, in dieser Kreation. Auch 9 g Ballaststoffe sind ein guter Wert. Trotz des Namens darf diese Suppe auch bedenkenlos von Damen verspeist werden!

Kalt, kaliumreich und kalorienarm. Dazu kommen viel Vitamin C, Folsäure, Provitamin A (Beta-Carotin). Der hohe Kalium- und gleichzeitig niedrige Natriumgehalt machen aus dieser Suppe einen richtigen Blutdrucksenker. So kann eine kalte erfrischende Suppe gleich noch therapeutische Wirkung übernehmen. Passt auch prima zu einer Low-Fat-Ernährung, denn diese kalte Suppe ist praktisch fettfrei.

Honigmelone (Herzhafte Honigmelonensuppe)

Inhaltsstoff	Menge / Portion	Menge / 100 g
Energie	95,8 kcal	23,9 kcal
Fett	485 mg	121 mg
Kohlenhydrate	17,9 g	4,46 g
Protein	3,3 g	825 mg
ß-Carotin	6,3 mg	1,57 mg
Vitamin E (Tocopherol)	364 µg	90,9 µg
Vitamin B1 (Thiamin)	128 µg	32 µg
Vitamin B2 (Riboflavin)	107 µg	26,6 µg
Niacin (Nicotinsäure)	1,76 mg	439 µg
Vitamin B6 (Pyridoxin)	0,28 mg	69,8 µg
Gesamte Folsäure	95 µg	23,7 µg
Vitamin C (Ascorbinsäure)	101 mg	25,2 mg
Natrium	381 mg	95,2 mg
Kalium	1,04 g	259 mg
Calcium	65,1 mg	16,3 mg
Magnesium	45,5 mg	11,4 mg
Eisen	2,04 mg	0,51 mg
Zink	576 µg	144 µg
Jod	4,01 µg	1 µg
Ballaststoffe	3,54 g	883 mg
Gesättigte Fettsäuren	161 mg	40,3 mg
Einfach ungesättigte Fettsäuren	45,2 mg	11,3 mg
Mehrfach ungesättigte Fettsäuren	182 mg	45,3 mg
Omega-3 Fettsäuren	98,4 mg	24,6 mg
Omega-6 Fettsäuren	83,1 mg	20,8 mg

Käsehörnchen aus Blätterteig

Inhaltsstoff	Menge / Portion	Menge / 100 g
Energie	382 kcal	364 kcal
Fett	26,4 g	25,1 g
Kohlenhydrate	22,8 g	21,7 g
Protein	13,5 g	12,8 g
Vitamin A (Retinol)	207 µg	197 µg
ß-Carotin	117 µg	111 µg
Vitamin D (Calciferol)	709 ng	675 ng
Vitamin E (Tocopherol)	2,83 mg	2,69 mg
Vitamin B1 (Thiamin)	35,3 µg	33,6 µg
Vitamin B2 (Riboflavin)	132 µg	126 µg
Niacin (Nicotinsäure)	257 µg	244 µg
Vitamin B6 (Pyridoxin)	83,8 µg	79,8 µg
Gesamte Folsäure	11,8 µg	11,2 µg
Vitamin B12 (Cobalamin)	724 ng	689 ng
Vitamin C (Ascorbinsäure)	309 mg	295 mg
Natrium	665 mg	634 mg
Kalium	74,1 mg	70,6 mg
Calcium	327 mg	311 mg
Magnesium	22,4 mg	21,3 mg
Eisen	618 µg	589 µg
Zink	1,79 mg	1,7 mg
Jod	26,5 µg	25,2 µg
Ballaststoffe	1,19 g	1,14 g
Cholesterin	37,2 mg	35,5 mg
Gesättigte Fettsäuren	11,7 g	11,1 g
Einfach ungesättigte Fettsäuren	9,7 g	9,24 g
Mehrfach ungesättigte Fettsäuren	3,61 g	3,44 g
Omega-3 Fettsäuren	481 mg	458 mg
Omega-6 Fettsäuren	3,13 g	2,98 g

Verglichen mit der Bruschetta eine ganz schön energiereiche Angelegenheit. Bei etwa gleicher Menge liegen die Käsehörnchen auf der Kalorienseite beinahe 100 Prozent höher. Der hohe Fettgehalt macht's. Dazu darf man nicht vergessen, dass die Fettqualität auch weniger günstig ist. Der Gehalt an gesättigten Fettsäuren ist mit 12 g hoch. Die Menge und Essfrequenz entscheidet, ob es zum Problem wird. Wer einmal im Jahr ein Käsehörnchen zur Suppe isst, der kann dies getrost weiter tun. Aufs Jahr gerechnet sind 380 kcal und 12 g gesättigte Fettsäuren nichts. Anders sieht die Bewertung hingegen aus, wenn solche Lebensmittel sehr oft gegessen werden. Wer mehrmals in der Woche zugreifen möchte, möge doch jeweils nur ein halbes Hörnchen essen oder gleich zu Bruschetta oder Pizza-Brötchen greifen.

Käsereste

Hier steckt einiges drin an Energie: 300 kcal pro mittlerem Teller (240 ml). Klar – denn Käse und Butter sind eine fett- und damit energiereiche Angelegenheit. Durch das viele Milchfett ist die Fettzusammensetzung nicht optimal: zu viel gesättigte Fettsäuren, zu wenig einfach und mehrfach ungesättigte. Der Cholesterin-Gehalt ist mit etwa 50 mg mäßig. Dafür füllt der viele Käse die tägliche Calciumration zu etwa dreiviertel (720 mg). Da der Gemüseanteil nicht so hoch wie in den anderen Suppen ist, enthält die Käsereste-Suppe weniger Vitamine, Mineralstoffe (außer Calcium), Spurenelemente und Ballaststoffe als die anderen Varianten.

Inhaltsstoff	Menge / Portion	Menge / 100 g
Energie	298 kcal	124 kcal
Fett	18,4 g	7,67 g
Kohlenhydrate	8,61 g	3,58 g
Protein	24,2 g	10,1 g
Vitamin A (Retinol)	179 µg	74,3 µg
ß-Carotin	441 µg	184 µg
Vitamin D (Calciferol)	262 ng	109 ng
Vitamin E (Tocopherol)	631 µg	263 µg
Vitamin B1 (Thiamin)	87,5 µg	36,4 µg
Vitamin B2 (Riboflavin)	477 µg	198 µg
Niacin (Nicotinsäure)	706 µg	294 µg
Vitamin B6 (Pyridoxin)	181 µg	75,2 µg
Gesamte Folsäure	48,8 µg	20,3 µg
Vitamin B12 (Cobalamin)	2,01 µg	838 ng
Vitamin C (Ascorbinsäure)	6,29 mg	2,62 mg
Natrium	685 mg	285 mg
Kalium	292 mg	122 mg
Calcium	724 mg	301 mg
Magnesium	43,5 mg	18,1 mg
Eisen	783 µg	326 µg
Zink	3,55 mg	1,48 mg
Jod	30,3 µg	12,6 µg
Ballaststoffe	1,22 g	0,51 g
Cholesterin	47,9 mg	19,9 mg
Gesättigte Fettsäuren	11,1 g	4,62 g
Einfach ungesättigte Fettsäuren	5,52 g	2,3 g
Mehrfach ungesättigte Fettsäuren	753 mg	313 mg
Omega-3 Fettsäuren	254 mg	106 mg
Omega-6 Fettsäuren	498 mg	207 mg

Kaiser-Käse

Inhaltsstoff	Menge / Portion	Menge / 100 g
Energie	221 kcal	58,2 kcal
Fett	12,2 g	3,22 g
Kohlenhydrate	13,6 g	3,58 g
Protein	13,4 g	3,53 g
Vitamin A (Retinol)	91,7 µg	24,2 µg
ß-Carotin	3,96 mg	1,04 mg
Vitamin D (Calciferol)	0,29 µg	76,4 ng
Vitamin E (Tocopherol)	1,59 mg	0,42 mg
Vitamin B1 (Thiamin)	204 µg	53,8 µg
Vitamin B2 (Riboflavin)	432 µg	114 µg
Niacin (Nicotinsäure)	2,22 mg	586 µg
Vitamin B6 (Pyridoxin)	435 µg	115 µg
Gesamte Folsäure	86,7 µg	22,8 µg
Vitamin B12 (Cobalamin)	1 µg	264 ng
Vitamin C (Ascorbinsäure)	89,4 mg	23,6 mg
Natrium	1,06 g	281 mg
Kalium	866 mg	228 mg
Calcium	411 mg	108 mg
Magnesium	61,1 mg	16,1 mg
Eisen	3,15 mg	831 µg
Zink	2,64 mg	695 µg
Jod	47,5 µg	12,5 µg
Ballaststoffe	7,95 g	2,1 g
Cholesterin	22,3 mg	5,87 mg
Gesättigte Fettsäuren	5,97 g	1,57 g
Einfach ungesättigte Fettsäuren	4,55 g	1,2 g
Mehrfach ungesättigte Fettsäuren	964 mg	254 mg
Omega-3 Fettsäuren	306 mg	80,8 mg
Omega-6 Fettsäuren	658 mg	173 mg

Wider erwarten versteckt sich hinter diesem Rahmen keine vor Fett triefende Käsebombe, denn das Rezept enthält weit mehr Gemüse als Käse. So bleiben sowohl der Fettgehalt (12 g) als auch der Kaloriengehalt (220 kcal) für einen großen Teller sehr im Rahmen. Die Suppe ist eine gute Quelle für Provitamin A (Beta-Carotin), Vitamin C und Calcium (410 mg/Teller). Lediglich die Fettsäurezusammensetzung ist wie bei allen Suppen mit hohem Milchfett-Anteil nicht perfekt. Dies fällt aber nicht so stark ins Gewicht, da der Absolutanteil nur mäßig ist (6 g gesättigte Fettsäuren).

Kaltes Feuer

Eine ganze Mahlzeit, dieses kalte Feuer. Zumal dann, wenn zum großen Teller Suppe noch ein Stück Baguette oder Ciabatta kommt. Etwa 530 kcal Energie enthält ein großer Teller. Das ist viel. Der hohe Fettgehalt von 40 g erklärt den hohen Kaloriengehalt. Dabei ist die Fettqualität gut, denn Olivenöl und Creme legère sind kombiniert. So überwiegen die einfach ungesättigten Fettsäuren deutlich. Das eingesetzte Gemüse liefert hohe Mengen Vitamin C, Provitamin A (Beta-Carotin) und Ballaststoffe. Wegen des hohen Fett- und Kaloriengehalts darf man die verspeiste Menge aber nicht aus dem Auge verlieren.

Inhaltsstoff	Menge / Portion	Menge / 100 g
Energie	529 kcal	106 kcal
Fett	39,6 g	7,96 g
Kohlenhydrate	32,1 g	6,44 g
Protein	10,9 g	2,18 g
Vitamin A (Retinol)	102 µg	20,6 µg
ß-Carotin	4,71 mg	946 µg
Vitamin D (Calciferol)	0,15 µg	30,1 ng
Vitamin E (Tocopherol)	10,6 mg	2,14 mg
Vitamin B1 (Thiamin)	0,31 mg	62,3 µg
Vitamin B2 (Riboflavin)	389 µg	78,2 µg
Niacin (Nicotinsäure)	3,52 mg	708 µg
Vitamin B6 (Pyridoxin)	788 µg	158 µg
Gesamte Folsäure	118 µg	23,6 µg
Vitamin B12 (Cobalamin)	188 ng	37,7 ng
Vitamin C (Ascorbinsäure)	258 mg	51,9 mg
Natrium	1,18 g	238 mg
Kalium	1 g	201 mg
Calcium	128 mg	25,6 mg
Magnesium	95,6 mg	19,2 mg
Eisen	4,93 mg	0,99 mg
Zink	1,65 mg	331 µg
Jod	38,9 µg	7,81 µg
Ballaststoffe	11,8 g	2,37 g
Cholesterin	24,7 mg	4,95 mg
Gesättigte Fettsäuren	8,86 g	1,78 g
Einfach ungesättigte Fettsäuren	21,2 g	4,25 g
Mehrfach ungesättigte Fettsäuren	7,5 g	1,51 g
Omega-3 Fettsäuren	1,19 g	239 mg
Omega-6 Fettsäuren	6,24 g	1,25 g

Kantensuppe

Inhaltsstoff	Menge / Portion	Menge / 100 g
Energie	541 kcal	119 kcal
Fett	23,3 g	5,13 g
Kohlenhydrate	46,5 g	10,2 g
Protein	35,3 g	7,76 g
Vitamin A (Retinol)	229 µg	50,3 µg
ß-Carotin	1,48 mg	325 µg
Vitamin D (Calciferol)	547 ng	0,12 µg
Vitamin E (Tocopherol)	1,78 mg	0,39 mg
Vitamin B1 (Thiamin)	204 µg	44,7 µg
Vitamin B2 (Riboflavin)	606 µg	133 µg
Niacin (Nicotinsäure)	2,38 mg	524 µg
Vitamin B6 (Pyridoxin)	347 µg	76,1 µg
Gesamte Folsäure	78 µg	17,1 µg
Vitamin B12 (Cobalamin)	2,18 µg	478 ng
Vitamin C (Ascorbinsäure)	15,1 mg	3,32 mg
Natrium	1,81 g	399 mg
Kalium	549 mg	121 mg
Calcium	0,91 g	0,2 g
Magnesium	90,6 mg	19,9 mg
Eisen	3,37 mg	739 µg
Zink	5,34 mg	1,17 mg
Jod	45 µg	9,89 µg
Ballaststoffe	7,72 g	1,7 g
Cholesterin	56 mg	12,3 mg
Gesättigte Fettsäuren	13,8 g	3,04 g
Einfach ungesättigte Fettsäuren	6,62 g	1,45 g
Mehrfach ungesättigte Fettsäuren	1,39 g	306 mg
Omega-3 Fettsäuren	413 mg	90,7 mg
Omega-6 Fettsäuren	972 mg	214 mg

Kantensuppe ist eine Suppe, bei der man das Brot nicht zusätzlich isst, denn es ist bereits in der Suppe enthalten! Das erklärt auch den höheren Energiegehalt (540 kcal/großer Teller). Ein großer Teller fungiert schon eher als Hauptmahlzeit, denn als erster oder zweiter Gang. Dazu enthält die Kantensuppe eine große Menge Calcium. 900 mg sind fast der gesamte Tagesbedarf. Auch Zink ist in großen Mengen enthalten (wichtig u. a. für die Wundheilung). Da nur Milchfett enthalten ist, fehlen aber ungesättigte Fettsäuren und der Gehalt an gesättigten Fettsäuren ist sehr hoch. Am besten, man gleicht die vielen gesättigten Fettsäuren in der Kantensuppe durch einen Salat mit Pflanzenöl zum Abendessen wieder aus.

Klare Gemüsesuppe

mit Zuckererbsen und Zucchini

Viel Ballaststoffe und ein bisschen von allem stecken in dieser Zusammenstellung. 250 kcal pro großem Teller sind im Rahmen. Gut ist auch die Fettqualität, denn das Fett stammt fast ausschließlich aus Olivenöl. Wer 200 ml der Suppe als Vorspeise kredenzt, kann sicher sein, den Gästen mit gerade 120 kcal/Teller ein Fettnäpfchen zu ersparen.

Inhaltsstoff	Menge / Portion	Menge / 100 g
Energie	252 kcal	60,8 kcal
Fett	17,5 g	4,21 g
Kohlenhydrate	17,9 g	4,3 g
Protein	5,75 g	1,38 g
Vitamin A (Retinol)	48,8 µg	11,8 µg
ß-Carotin	2,86 mg	0,69 mg
Vitamin D (Calciferol)	303 ng	73 ng
Vitamin E (Tocopherol)	4,15 mg	999 µg
Vitamin B1 (Thiamin)	193 µg	46,4 µg
Vitamin B2 (Riboflavin)	263 µg	63,4 µg
Niacin (Nicotinsäure)	3,35 mg	807 µg
Vitamin B6 (Pyridoxin)	454 µg	109 µg
Gesamte Folsäure	76,5 µg	18,4 µg
Vitamin C (Ascorbinsäure)	108 mg	26,1 mg
Natrium	449 mg	108 mg
Kalium	594 mg	143 mg
Calcium	71,3 mg	17,2 mg
Magnesium	52,7 mg	12,7 mg
Eisen	2,86 mg	689 µg
Zink	2,44 mg	588 µg
Jod	15,2 µg	3,67 µg
Ballaststoffe	7,1 g	1,71 g
Cholesterin	22 mg	5,31 mg
Gesättigte Fettsäuren	4,46 g	1,07 g
Einfach ungesättigte Fettsäuren	10,2 g	2,46 g
Mehrfach ungesättigte Fettsäuren	1,82 g	438 mg
Omega-3 Fettsäuren	275 mg	66,4 mg
Omega-6 Fettsäuren	1,54 g	372 mg

Knoblauch

Inhaltsstoff	Menge / Portion	Menge / 100 g
Energie	303 kcal	108 kcal
Fett	21,4 g	7,6 g
Kohlenhydrate	20,9 g	7,43 g
Protein	6,77 g	2,4 g
Vitamin A (Retinol)	0,18 mg	63,9 µg
ß-Carotin	781 µg	277 µg
Vitamin D (Calciferol)	478 ng	0,17 µg
Vitamin E (Tocopherol)	868 µg	308 µg
Vitamin B1 (Thiamin)	118 µg	42 µg
Vitamin B2 (Riboflavin)	272 µg	96,5 µg
Niacin (Nicotinsäure)	0,81 mg	288 µg
Vitamin B6 (Pyridoxin)	169 µg	60,1 µg
Gesamte Folsäure	20,7 µg	7,35 µg
Vitamin B12 (Cobalamin)	563 ng	0,2 µg
Vitamin C (Ascorbinsäure)	10,5 mg	3,74 mg
Natrium	763 mg	271 mg
Kalium	0,37 g	131 mg
Calcium	161 mg	57,2 mg
Magnesium	29,8 mg	10,6 mg
Eisen	1,01 mg	361 µg
Zink	1,05 mg	373 µg
Jod	41,5 µg	14,7 µg
Ballaststoffe	2 g	709 mg
Cholesterin	65,1 mg	23,1 mg
Gesättigte Fettsäuren	12,9 g	4,57 g
Einfach ungesättigte Fettsäuren	6,39 g	2,27 g
Mehrfach ungesättigte Fettsäuren	919 mg	326 mg
Omega-3 Fettsäuren	303 mg	108 mg
Omega-6 Fettsäuren	616 mg	219 mg

Sehr würzig, aber keine Diätsuppe. Ein mittlerer Teller enthält bereits 300 kcal und 21 g Fett. Wer statt Creme legère normale Creme fraiche nimmt, liegt sogar noch darüber. Diese Cremesuppe basiert auf Milchfett (Butter, Milch, Creme legère). Daher dominieren gesättigte Fettsäuren die Fettkomposition und auch der Cholesteringehalt ist etwas höher. Wer noch mehr Milchfett sparen möchte, kann die Hälfte Creme legère durch fettarme Milch ersetzen. Alternativ kann man den Knoblauch auch mit etwas weniger Butter anbraten.

Viel an Menge, wenig an Kalorien. Ein Riesenteller mit über 500 ml bringt es gerade mal auf 220 kcal. 16 g Fett enthält eine Portion, diese aber dank Rapsöl in exzellenter Fettqualität. Dazu gesellen sich viel Vitamin C, Magnesium und Kalium. So ist die Kohlrabi-Suppe ein Tipp für alle, die über den guten Geschmack hinaus auch immer ein Auge auf den Kaloriengehalt und den gesundheitlichen Nutzen werfen müssen oder möchten.

Kohlrabi

Inhaltsstoff	Menge / Portion	Menge / 100 g
Energie	217 kcal	40,3 kcal
Fett	16 g	2,96 g
Kohlenhydrate	12,8 g	2,37 g
Protein	5,5 g	1,02 g
Vitamin A (Retinol)	20,6 µg	3,82 µg
ß-Carotin	2,29 mg	424 µg
Vitamin D (Calciferol)	225 ng	41,7 ng
Vitamin E (Tocopherol)	4,19 mg	777 µg
Vitamin B1 (Thiamin)	188 µg	34,9 µg
Vitamin B2 (Riboflavin)	185 µg	34,3 µg
Niacin (Nicotinsäure)	4,6 mg	853 µg
Vitamin B6 (Pyridoxin)	387 µg	71,7 µg
Gesamte Folsäure	65,7 µg	12,2 µg
Vitamin C (Ascorbinsäure)	146 mg	27 mg
Natrium	886 mg	164 mg
Kalium	1,01 g	187 mg
Calcium	222 mg	41,1 mg
Magnesium	104 mg	19,3 mg
Eisen	3,01 mg	557 µg
Zink	1,28 mg	236 µg
Jod	37,1 µg	6,88 µg
Ballaststoffe	5,74 g	1,06 g
Cholesterin	9,63 mg	1,78 mg
Gesättigte Fettsäuren	2,94 g	545 mg
Einfach ungesättigte Fettsäuren	7,85 g	1,45 g
Mehrfach ungesättigte Fettsäuren	4,34 g	805 mg
Omega-3 Fettsäuren	1,32 g	244 mg
Omega-6 Fettsäuren	2,98 g	552 mg

Kürbis-Curry

Inhaltsstoff	Menge / Portion	Menge / 100 g
Energie	218 kcal	53,7 kcal
Fett	13,1 g	3,23 g
Kohlenhydrate	19,3 g	4,77 g
Protein	5,27 g	1,3 g
Vitamin A (Retinol)	15,7 µg	3,88 µg
ß-Carotin	3,21 mg	791 µg
Vitamin D (Calciferol)	0,15 µg	37 ng
Vitamin E (Tocopherol)	2,51 mg	621 µg
Vitamin B1 (Thiamin)	194 µg	47,9 µg
Vitamin B2 (Riboflavin)	181 µg	44,7 µg
Niacin (Nicotinsäure)	3,51 mg	865 µg
Vitamin B6 (Pyridoxin)	303 µg	74,8 µg
Gesamte Folsäure	39,9 µg	9,85 µg
Vitamin C (Ascorbinsäure)	31,8 mg	7,85 mg
Natrium	508 mg	126 mg
Kalium	792 mg	195 mg
Calcium	70,4 mg	17,4 mg
Magnesium	74,9 mg	18,5 mg
Eisen	2,78 mg	686 µg
Zink	946 µg	233 µg
Jod	21,6 µg	5,33 µg
Ballaststoffe	3,87 g	954, mg
Cholesterin	6,39 mg	1,58 mg
Gesättigte Fettsäuren	2,63 g	649 mg
Einfach ungesättigte Fettsäuren	5,85 g	1,44 g
Mehrfach ungesättigte Fettsäuren	3,93 g	969 mg
Omega-3 Fettsäuren	756 mg	187 mg
Omega-6 Fettsäuren	3,14 g	776 mg

Großer Teller, kleine Kalorienmenge. Und dabei macht gerade Kürbissuppe prima satt. Die Fettmenge hält sich mit 13 g pro Teller im Rahmen. Das Fett stammt aus Raps- und Olivenöl und natürlich aus den Kürbiskernen. Alle drei Ölquellen haben eine gute Zusammensetzung, so dass das Urteil nur lauten kann: Fettqualität hervorragend! Bei den anderen Nährstoffen fallen zum einen der hohe Gehalt an Provitamin A (Beta-Carotin), zum anderen der hohe Kaliumgehalt positiv auf. Eine ideale Suppe für Menschen mit hohem Blutdruck, denn der Kaliumgehalt übertrifft den Natriumgehalt um über 50 %.

Riesenteller, wenig Fett, wenig Kalorien. Dafür aber gigantische Mengen an Provitamin A (Beta-Carotin) und viele Ballaststoffe. Die Fettqualität (Milchfett) ist zwar nicht optimal, aber durch den geringen absoluten Fettgehalt von 8 Gramm pro Riesenteller (500 ml) kaum relevant. Kalium überwiegt Natrium bei weitem, und so ist ein günstiger Effekt auf den Blutdruck zu erwarten.

Möhren-Apfel-Zwiebel

Inhaltsstoff	Menge / Portion	Menge / 100 g
Energie	193 kcal	37,7 kcal
Fett	7,97 g	1,56 g
Kohlenhydrate	23,3 g	4,55 g
Protein	6,33 g	1,24 g
Vitamin A (Retinol)	52 µg	10,2 µg
ß-Carotin	13,4 mg	2,62 mg
Vitamin D (Calciferol)	203 ng	39,6 ng
Vitamin E (Tocopherol)	1,59 mg	312 µg
Vitamin B1 (Thiamin)	215 µg	42,1 µg
Vitamin B2 (Riboflavin)	329 µg	64,3 µg
Niacin (Nicotinsäure)	1,69 mg	331 µg
Vitamin B6 (Pyridoxin)	343 µg	67,2 µg
Gesamte Folsäure	46 µg	8,99 µg
Vitamin B12 (Cobalamin)	469 ng	91,7 ng
Vitamin C (Ascorbinsäure)	32,1 mg	6,28 mg
Natrium	317 mg	61,9 mg
Kalium	879 mg	172 mg
Calcium	221 mg	43,1 mg
Magnesium	59 mg	11,5 mg
Eisen	4,49 mg	879 µg
Zink	1,81 mg	355 µg
Jod	38,5 µg	7,52 µg
Ballaststoffe	9,2 g	1,8 g
Cholesterin	22,3 mg	4,36 mg
Gesättigte Fettsäuren	4,52 g	884 mg
Einfach ungesättigte Fettsäuren	2,21 g	432 mg
Mehrfach ungesättigte Fettsäuren	686 mg	134 mg
Omega-3 Fettsäuren	173 mg	33,9 mg
Omega-6 Fettsäuren	513 mg	0,1 g

Mozzarella-Tomate (überbacken)

Inhaltsstoff	Menge / Portion	Menge / 100 g
Energie	338 kcal	126 kcal
Fett	16,4 g	6,1 g
Kohlenhydrate	29,5 g	11 g
Protein	17,1 g	6,37 g
Vitamin A (Retinol)	0,18 mg	67,1 µg
ß-Carotin	894 µg	333 µg
Vitamin D (Calciferol)	0,25 µg	93,1 ng
Vitamin E (Tocopherol)	2,14 mg	798 µg
Vitamin B1 (Thiamin)	143 µg	53,3 µg
Vitamin B2 (Riboflavin)	293 µg	109 µg
Niacin (Nicotinsäure)	1,4 mg	521 µg
Vitamin B6 (Pyridoxin)	245 µg	91,2 µg
Gesamte Folsäure	76,1 µg	28,4 µg
Vitamin B12 (Cobalamin)	1,25 µg	466 ng
Vitamin C (Ascorbinsäure)	37,3 mg	13,9 mg
Natrium	1,03 g	385 mg
Kalium	522 mg	195 mg
Calcium	294 mg	109 mg
Magnesium	45,7 mg	17 mg
Eisen	1,77 mg	661 µg
Zink	1,81 mg	673 µg
Jod	38,2 µg	14,2 µg
Ballaststoffe	3,12 g	1,16 g
Cholesterin	28,8 mg	10,7 mg
Gesättigte Fettsäuren	8,79 g	3,27 g
Einfach ungesättigte Fettsäuren	5,62 g	2,09 g
Mehrfach ungesättigte Fettsäuren	974 mg	363 mg
Omega-3 Fettsäuren	231 mg	86,1 mg
Omega-6 Fettsäuren	728 mg	271 mg

Eine Art Bruschetta mit Mozzarella überbacken. 270 g sind schon eine größere Portion. Das erklärt auch den Energiegehalt von 340 kcal. Durch den Käse liegt der Fettgehalt etwas höher. Pro Portion kommen auch 9 g gesättigte Fettsäuren zusammen, was nicht für eine sehr gute Fettzusammensetzung spricht. In der Tat kommt die mit Abstand größte Menge dieses Nährstoffs aus dem Käse und damit aus der Milch. 12 g Olivenöl für 4 Portionen fallen nicht ins Gewicht.

Paprika

Wer einen großen Teller Paprikasuppe isst, tankt Vitamin C für viele Tage. Gut 500 ml Suppe enthalten sagenhafte 700 mg von diesem Vitamin. Das ist fast das 10-fache der Tagesdosis. Aber keine Angst, Vitamin-C-Vergiftungen sind bei diesen Mengen ausgeschlossen. Selbst wenn man es wollte, Vitamin C ist so ungiftig, dass man sich damit nicht umbringen kann! Neben der Megadosis Vitamin C enthält diese Suppe auch große Mengen Provitamin A (Beta-Carotin), sehr viel Kalium und über die Hälfte des Tagesbedarfs von 30 g Ballaststoffen. Olivenöl bedingt die günstige Fettzusammensetzung. Auch die Fettmenge ist mit 12 g/Teller im Rahmen.

Inhaltsstoff	Menge / Portion	Menge / 100 g
Energie	270 kcal	49,4 kcal
Fett	12,4 g	2,27 g
Kohlenhydrate	31,1 g	5,7 g
Protein	6,99 g	1,28 g
Vitamin A (Retinol)	12 µg	2,2 µg
ß-Carotin	9,92 mg	1,82 mg
Vitamin E (Tocopherol)	15,7 mg	2,89 mg
Vitamin B1 (Thiamin)	213 µg	39,1 µg
Vitamin B2 (Riboflavin)	572 µg	105 µg
Niacin (Nicotinsäure)	7,58 mg	1,39 mg
Vitamin B6 (Pyridoxin)	2,19 mg	402 µg
Gesamte Folsäure	236 µg	43,3 µg
Vitamin C (Ascorbinsäure)	709 mg	0,13 g
Natrium	311 mg	57 mg
Kalium	1,29 g	237 mg
Calcium	53,8 mg	9,87 mg
Magnesium	72,7 mg	13,3 mg
Eisen	3,07 mg	562 µg
Zink	1,31 mg	241 µg
Jod	7,07 µg	1,3 µg
Ballaststoffe	18,3 g	3,35 g
Cholesterin	0,1 mg	18,3 µg
Gesättigte Fettsäuren	1,91 g	0,35 g
Einfach ungesättigte Fettsäuren	7,28 g	1,33 g
Mehrfach ungesättigte Fettsäuren	2,28 g	417 mg
Omega-3 Fettsäuren	309 mg	56,6 mg
Omega-6 Fettsäuren	1,97 g	361 mg

Pesto-Ecken

Inhaltsstoff	Menge / Portion	Menge / 100 g
Energie	173 kcal	287 kcal
Fett	7,87 g	13 g
Kohlenhydrate	18,9 g	31,4 g
Protein	6,33 g	10,5 g
Vitamin A (Retinol)	9,19 µg	15,2 µg
ß-Carotin	58,5 µg	97 µg
Vitamin D (Calciferol)	308 pg	511 pg
Vitamin E (Tocopherol)	973 µg	1,61 mg
Vitamin B1 (Thiamin)	17,2 µg	28,5 µg
Vitamin B2 (Riboflavin)	42 µg	69,6 µg
Niacin (Nicotinsäure)	158 µg	262 µg
Vitamin B6 (Pyridoxin)	37,6 µg	62,4 µg
Gesamte Folsäure	3,43 µg	5,69 µg
Vitamin B12 (Cobalamin)	61,6 ng	102 ng
Vitamin C (Ascorbinsäure)	255 mg	423 mg
Natrium	3,09 g	5,13 g
Kalium	59,8 mg	99,2 mg
Calcium	105 mg	173 mg
Magnesium	14,7 mg	24,4 mg
Eisen	436 µg	723 µg
Zink	417 µg	692 µg
Jod	0,13 mg	215 µg
Ballaststoffe	749 mg	1,24 g
Cholesterin	121 µg	201 µg
Gesättigte Fettsäuren	1,18 g	1,95 g
Einfach ungesättigte Fettsäuren	5,38 g	8,92 g
Mehrfach ungesättigte Fettsäuren	878 mg	1,46 g
Omega-3 Fettsäuren	73,2 mg	121 mg
Omega-6 Fettsäuren	804 mg	1,33 g

Wer nicht zu üppig zugreift, hält Fett und Kalorien im Rahmen. Die Portion à 60 g kommt auf 170 kcal. Das ist noch akzeptabel. Auch der Fettgehalt von knapp 8 g. Olivenöl führt zum sehr geringen Gehalt an gesättigten Fettsäuren von nur ca. 1 g/ Portion. Ideal als festes Knabberhäppchen zur Suppe.

Ein mittlerer Teller dieser Cremesuppe kommt auf 260 kcal und 16 g Fett. Das ist nicht wenig. Immerhin hat der Koch schon einiges an Fett gespart, denn Creme legère enthält nur 15 % Fett, klassische Creme fraiche dagegen 30 %. Der Gehalt an Vitaminen und Co. ist geringer als der in anderen Suppen, da nur wenig Gemüse eingesetzt wird. Hoch ist der Anteil gesättigter Fettsäuren, denn das Fett stammt ausschließlich aus Milch. Wer mag, kann Butter gegen Raps- oder Olivenöl zum Andünsten der Zwiebeln austauschen.

Pfeffer

Inhaltsstoff	Menge / Portion	Menge / 100 g
Energie	260 kcal	78,5 kcal
Fett	16,3 g	4,93 g
Kohlenhydrate	20,3 g	6,14 g
Protein	7,72 g	2,34 g
Vitamin A (Retinol)	136 µg	41,2 µg
ß-Carotin	755 µg	229 µg
Vitamin D (Calciferol)	393 ng	119 ng
Vitamin E (Tocopherol)	711 µg	215 µg
Vitamin B1 (Thiamin)	105 µg	31,9 µg
Vitamin B2 (Riboflavin)	342 µg	103 µg
Niacin (Nicotinsäure)	769 µg	233 µg
Vitamin B6 (Pyridoxin)	166 µg	50,2 µg
Gesamte Folsäure	20,3 µg	6,13 µg
Vitamin B12 (Cobalamin)	766 ng	232 ng
Vitamin C (Ascorbinsäure)	10 mg	3,04 mg
Natrium	297 mg	89,9 mg
Kalium	375 mg	114 mg
Calcium	0,23 g	69,5 mg
Magnesium	37,3 mg	11,3 mg
Eisen	2,07 mg	626 µg
Zink	1,1 mg	333 µg
Jod	19,3 µg	5,85 µg
Ballaststoffe	2,05 g	0,62 g
Cholesterin	50 mg	15,1 mg
Gesättigte Fettsäuren	9,72 g	2,94 g
Einfach ungesättigte Fettsäuren	4,86 g	1,47 g
Mehrfach ungesättigte Fettsäuren	748 mg	226 mg
Omega-3 Fettsäuren	0,24 g	72,6 mg
Omega-6 Fettsäuren	508 mg	154 mg

Pizza-Brötchen

Inhaltsstoff	Menge / Portion	Menge / 100 g
Energie	158 kcal	327 kcal
Fett	7,67 g	15,9 g
Kohlenhydrate	17,3 g	35,7 g
Protein	4,85 g	10 g
Vitamin A (Retinol)	13,1 µg	27 µg
ß-Carotin	19,1 µg	39,5 µg
Vitamin D (Calciferol)	10,5 ng	21,8 ng
Vitamin E (Tocopherol)	881 µg	1,82 mg
Vitamin B1 (Thiamin)	18 µg	37,3 µg
Vitamin B2 (Riboflavin)	31,6 µg	65,5 µg
Niacin (Nicotinsäure)	121 µg	0,25 mg
Vitamin B6 (Pyridoxin)	30,9 µg	64 µg
Gesamte Folsäure	3,07 µg	6,36 µg
Vitamin B12 (Cobalamin)	41,1 ng	85 ng
Vitamin C (Ascorbinsäure)	0,17 g	351 mg
Natrium	1,89 g	3,91 g
Kalium	40,5 mg	83,9 mg
Calcium	65 mg	135 mg
Magnesium	9,12 mg	18,9 mg
Eisen	295 µg	611 µg
Zink	349 µg	723 µg
Jod	70,2 µg	145 µg
Ballaststoffe	731 mg	1,51 g
Cholesterin	2,1 mg	4,35 mg
Gesättigte Fettsäuren	1,46 g	3,02 g
Einfach ungesättigte Fettsäuren	4,99 g	10,3 g
Mehrfach ungesättigte Fettsäuren	795 mg	1,65 g
Omega-3 Fettsäuren	69,6 mg	144 mg
Omega-6 Fettsäuren	725 mg	1,5 g

Ein kleines Brötchen à 50 g eignet sich gut als Beilage zu vielen Suppen. Der Fettgehalt ist zwar etwas höher als bei reinem Weißbrot oder Ciabatta, dafür ist der Eigengeschmack durch den Einsatz von Knoblauchöl deutlich kräftiger. Und weil das Öl aus der Olive stammt, ist die Fettsäurekomposition entsprechend günstig.

Diese Gourmet-Erbsensuppe ist ein guter Satt-, aber bestimmt kein Dickmacher. Ein großer Teller hat gerade 250 kcal und nur 10 g Fett. Die Fettqualität ist durch das Rapsöl hervorragend. Gleichzeitig enthält diese Suppe sehr viel Magnesium (90 mg = ca. 1/3 des Tagesbedarfs) und satte 11 g Ballaststoffe. Eine perfekte Kombination von Genuss und Gesundheit.

Pürierte Erbsen mit Mais

Inhaltsstoff	Menge / Portion	Menge / 100 g
Energie	253 kcal	61,1 kcal
Fett	9,57 g	2,31 g
Kohlenhydrate	28 g	6,79 g
Protein	12,6 g	3,04 g
Vitamin A (Retinol)	18,3 µg	4,44 µg
ß-Carotin	1,57 mg	0,38 mg
Vitamin D (Calciferol)	0,2 µg	48,4 ng
Vitamin E (Tocopherol)	2,02 mg	489 µg
Vitamin B1 (Thiamin)	301 µg	72,8 µg
Vitamin B2 (Riboflavin)	249 µg	60,3 µg
Niacin (Nicotinsäure)	3,25 mg	786 µg
Vitamin B6 (Pyridoxin)	287 µg	69,4 µg
Gesamte Folsäure	29,7 µg	7,18 µg
Vitamin C (Ascorbinsäure)	22,7 mg	5,48 mg
Natrium	815 mg	197 mg
Kalium	0,58 g	0,14 g
Calcium	75,5 mg	18,3 mg
Magnesium	86,5 mg	20,9 mg
Eisen	2,87 mg	695 µg
Zink	2,07 mg	501 µg
Jod	21,1 µg	5,12 µg
Ballaststoffe	10,9 g	2,65 g
Cholesterin	8,43 mg	2,04 mg
Gesättigte Fettsäuren	2,43 g	587 mg
Einfach ungesättigte Fettsäuren	4,06 g	982 mg
Mehrfach ungesättigte Fettsäuren	2,33 g	564 mg
Omega-3 Fettsäuren	564 mg	136 mg
Omega-6 Fettsäuren	1,75 g	423 mg

Rote Zwiebeln mit Chianti

Inhaltsstoff	Menge / Portion	Menge / 100 g
Energie	264 kcal	46,8 kcal
Fett	17,3 g	3,06 g
Kohlenhydrate	15,5 g	2,75 g
Protein	4,63 g	821 mg
Vitamin A (Retinol)	42,5 µg	7,54 µg
ß-Carotin	1,41 mg	0,25 mg
Vitamin D (Calciferol)	0,3 µg	53,2 ng
Vitamin E (Tocopherol)	2,3 mg	408 µg
Vitamin B1 (Thiamin)	136 µg	24,1 µg
Vitamin B2 (Riboflavin)	151 µg	26,7 µg
Niacin (Nicotinsäure)	1,61 mg	285 µg
Vitamin B6 (Pyridoxin)	413 µg	73,2 µg
Gesamte Folsäure	55,5 µg	9,84 µg
Vitamin B12 (Cobalamin)	50 ng	8,87 ng
Vitamin C (Ascorbinsäure)	34,7 mg	6,16 mg
Natrium	0,95 g	168 mg
Kalium	603 mg	107 mg
Calcium	124 mg	22 mg
Magnesium	49,5 mg	8,77 mg
Eisen	2,49 mg	441 µg
Zink	1,09 mg	193 µg
Jod	46,6 µg	8,27 µg
Ballaststoffe	6,48 g	1,15 g
Cholesterin	12,6 mg	2,24 mg
Gesättigte Fettsäuren	4,45 g	789 mg
Einfach ungesättigte Fettsäuren	10,2 g	1,81 g
Mehrfach ungesättigte Fettsäuren	1,67 g	297 mg
Omega-3 Fettsäuren	206 mg	36,5 mg
Omega-6 Fettsäuren	1,47 g	0,26 g

Viel zu genießen, wenig Kalorien. Ein Riesenteller mit etwa 500 ml enthält 260 kcal und 17 g Fett aus Olivenöl. Das ist sehr im Rahmen. Dazu kommt noch eine mittlere Menge Ballaststoffe. Zwiebeln und Rotwein liefern mit die höchsten Mengen an bestimmten sekundären Pflanzenstoffen mit antioxidativer Wirkung (Quercetin u. a.). Eine hohe Aufnahme dieser Stoffe geht mit einen geringeren Risiko für Herz-Kreislaufkrankheiten einher. Autofahren darf man übrigens auch nach Genuss dieser Suppe, denn der größte Teil des Alkohols verdampft während der Zubereitung. Und selbst ohne diese Verflüchtigung wären es pro Portion nur 50 ml Wein.

Sauerkraut mit Paprika

Eine Sauerkraut-Cremesuppe mit viel Vitamin C, vielen Ballaststoffen, aber hohem Fettgehalt bei guter Fettqualität. Der Mix aus Milchfett (Creme legère) und Sesamöl führt zu einer deutlich günstigeren Fettzusammensetzung als Milchfett allein. Allerdings sind 28 g Fett in einem großem Teller (ca. 400 ml) schon recht üppig. Wer mag, kann das Rezept etwas entfetten. Ein guter Tipp wäre der Austausch von 300 g Creme legère durch 150 g Creme legère plus 150 ml fettarme Milch oder Kondensmilch mit 4 % Fett.

Inhaltsstoff	Menge / Portion	Menge / 100 g
Energie	318 kcal	73,3 kcal
Fett	27,5 g	6,35 g
Kohlenhydrate	11,1 g	2,56 g
Protein	5,32 g	1,23 g
Vitamin A (Retinol)	144 µg	33,3 µg
ß-Carotin	2,48 mg	573 µg
Vitamin D (Calciferol)	0,45 µg	104 ng
Vitamin E (Tocopherol)	3,03 mg	698 µg
Vitamin B1 (Thiamin)	0,12 mg	27,7 µg
Vitamin B2 (Riboflavin)	283 µg	65,3 µg
Niacin (Nicotinsäure)	1,99 mg	0,46 mg
Vitamin B6 (Pyridoxin)	0,48 mg	111 µg
Gesamte Folsäure	50,7 µg	11,7 µg
Vitamin B12 (Cobalamin)	281 ng	64,9 ng
Vitamin C (Ascorbinsäure)	98 mg	22,6 mg
Natrium	1,28 g	294 mg
Kalium	606 mg	0,14 g
Calcium	182 mg	42 mg
Magnesium	44,8 mg	10,3 mg
Eisen	2,55 mg	589 µg
Zink	1,24 mg	286 µg
Jod	43,9 µg	10,1 µg
Ballaststoffe	7,65 g	1,76 g
Cholesterin	46,1 mg	10,6 mg
Gesättigte Fettsäuren	10,4 g	2,4 g
Einfach ungesättigte Fettsäuren	9,37 g	2,16 g
Mehrfach ungesättigte Fettsäuren	6,26 g	1,44 g
Omega-3 Fettsäuren	469 mg	108 mg
Omega-6 Fettsäuren	5,79 g	1,34 g

Schwarzwurzel

Inhaltsstoff	Menge / Portion	Menge / 100 g
Energie	293 kcal	55,3 kcal
Fett	21,9 g	4,14 g
Kohlenhydrate	13,6 g	2,56 g
Protein	10 g	1,89 g
Vitamin A (Retinol)	92,2 µg	17,4 µg
ß-Carotin	431 µg	81,4 µg
Vitamin D (Calciferol)	169 ng	31,8 ng
Vitamin E (Tocopherol)	14,4 mg	2,71 mg
Vitamin B1 (Thiamin)	197 µg	37,2 µg
Vitamin B2 (Riboflavin)	441 µg	83,3 µg
Niacin (Nicotinsäure)	0,76 mg	143 µg
Vitamin B6 (Pyridoxin)	175 µg	33 µg
Gesamte Folsäure	57,5 µg	10,8 µg
Vitamin B12 (Cobalamin)	1,08 µg	203 ng
Vitamin C (Ascorbinsäure)	6,1 mg	1,15 mg
Natrium	1,19 g	225 mg
Kalium	865 mg	163 mg
Calcium	0,36 g	68 mg
Magnesium	70,6 mg	13,3 mg
Eisen	5,78 mg	1,09 mg
Zink	1,37 mg	258 µg
Jod	48,4 µg	9,14 µg
Ballaststoffe	8,57 g	1,62 g
Cholesterin	29,7 mg	5,61 mg
Gesättigte Fettsäuren	6,76 g	1,28 g
Einfach ungesättigte Fettsäuren	10,3 g	1,95 g
Mehrfach ungesättigte Fettsäuren	3,64 g	687 mg
Omega-3 Fettsäuren	1,05 g	199 mg
Omega-6 Fettsäuren	2,56 g	483 mg

Ein Riesenteller à gut 500 ml enthält 290 kcal Energie. Für die große Menge allemal im Rahmen. Der Fettgehalt ist nicht niedrig, aber durch geschickte Kombination von zwei pflanzlichen Ölen (Raps und Olive) mit Creme legère ist die Fettqualität sehr gut: Es überwiegen einfach ungesättigte Fettsäuren und auch der Anteil an den wertvollen Omega-3-Fettsäuren ist recht hoch. Dazu gesellt sich eine große Menge Vitamin E: 14 mg. Das liegt schon in der Größenordnung der täglich empfohlenen Menge. Aber auch der Gehalt an Kalium, Calcium, Magnesium und Ballaststoffen kann sich sehen lassen.

Shii-Take

Ostasiatische Pilzsuppe mit viel Energie und vielen hochungesättigten Fettsäuren. Durch den nicht zu knappen Einsatz von Walnüssen und Sesamöl kommt der große Teller dieser fernöstlichen Spezialität bereits auf 340 kcal. Dafür ist die Suppe eine hervorragende Quelle für mehrfach ungesättigte Fettsäuren. Ein gewisser Anteil davon liegt sogar in Form der besonders günstigen Omega-3 Fettsäuren vor. Zusätzlich ist Shii-Take-Suppe reich an Vitamin E und an Magnesium. Übrigens ist helles Sesamöl meist wenig geschmacksintensiv, dafür hat dunkles Sesamöl einen sehr kräftigen Eigengeschmack, der perfekt zu asiatischen Gerichten passt.

Inhaltsstoff	Menge / Portion	Menge / 100 g
Energie	343 kcal	86,5 kcal
Fett	25,2 g	6,34 g
Kohlenhydrate	27,6 g	6,95 g
Protein	6,98 g	1,76 g
Vitamin A (Retinol)	11 µg	2,77 µg
ß-Carotin	668 µg	168 µg
Vitamin D (Calciferol)	2,62 µg	0,66 µg
Vitamin E (Tocopherol)	2,2 mg	554 µg
Vitamin B1 (Thiamin)	189 µg	47,5 µg
Vitamin B2 (Riboflavin)	309 µg	77,9 µg
Niacin (Nicotinsäure)	3,53 mg	889 µg
Vitamin B6 (Pyridoxin)	405 µg	102 µg
Gesamte Folsäure	63 µg	15,9 µg
Vitamin C (Ascorbinsäure)	14,1 mg	3,55 mg
Natrium	671 mg	169 mg
Kalium	506 mg	127 mg
Calcium	65 mg	16,4 mg
Magnesium	67,9 mg	17,1 mg
Eisen	2,27 mg	571 µg
Zink	1,76 mg	444 µg
Jod	47,1 µg	11,9 µg
Ballaststoffe	5,88 g	1,48 g
Cholesterin	5,08 mg	1,28 mg
Gesättigte Fettsäuren	3,73 g	939 mg
Einfach ungesättigte Fettsäuren	6,03 g	1,52 g
Mehrfach ungesättigte Fettsäuren	14,2 g	3,57 g
Omega-3 Fettsäuren	1,84 g	463 mg
Omega-6 Fettsäuren	12,2 g	3,07 g

Spargel-Schaum

Inhaltsstoff	Menge / Portion	Menge / 100 g
Energie	85,6 kcal	20,6 kcal
Fett	4,06 g	977 mg
Kohlenhydrate	6,91 g	1,67 g
Protein	5,02 g	1,21 g
Vitamin A (Retinol)	25,5 µg	6,15 µg
ß-Carotin	1,7 mg	411 µg
Vitamin D (Calciferol)	236 ng	56,9 ng
Vitamin E (Tocopherol)	3,14 mg	757 µg
Vitamin B1 (Thiamin)	206 µg	49,5 µg
Vitamin B2 (Riboflavin)	278 µg	67,1 µg
Niacin (Nicotinsäure)	2,17 mg	524 µg
Vitamin B6 (Pyridoxin)	175 µg	42,3 µg
Gesamte Folsäure	126 µg	30,3 µg
Vitamin B12 (Cobalamin)	188 ng	45,2 ng
Vitamin C (Ascorbinsäure)	37,8 mg	9,12 mg
Natrium	1,08 g	261 mg
Kalium	505 mg	122 mg
Calcium	117 mg	28,2 mg
Magnesium	45,2 mg	10,9 mg
Eisen	1,66 mg	0,4 mg
Zink	1,07 mg	257 µg
Jod	45,8 µg	11 µg
Ballaststoffe	3,59 g	866 mg
Cholesterin	11,6 mg	2,8 mg
Gesättigte Fettsäuren	2,34 g	564 mg
Einfach ungesättigte Fettsäuren	1,12 g	0,27 g
Mehrfach ungesättigte Fettsäuren	0,31 g	74,8 mg
Omega-3 Fettsäuren	83,2 mg	20,1 mg
Omega-6 Fettsäuren	227 mg	54,8 mg

Dieses Suppen-Rezept bestätigt abermals: Spargel ist ein leichtes Lebensmittel. Ein großer Teller Suppe enthält weniger als 90 kcal. Wie kommt das? Erstens ist Spargel von Natur aus ein sehr energiearmes Lebensmittel und zweitens wurden in diesem Rezept nicht Unmengen von Sahne verwendet. Selbst wer noch ein paar Esslöffel Creme legère beim Kochen dazu gibt, hat noch immer eine kalorienarme Spezialität. Viele Vitamine, Mineralstoffe und Spurenelemente sind enthalten, ohne dass ein einzelner Nährstoff besonders hervortritt. Der Fettgehalt ist derart niedrig, dass die Fettzusammensetzung nicht relevant ist.

Spinat

Spinat=Energie? Stimmt bei dieser Suppe, denn der große Teller enthält immerhin 340 kcal. Die stammen aber nur zu einem kleinen Teil aus dem Spinat. Butter und die beiden Käsesorten sind die Hauptquellen für den hohen Energiegehalt. Mit 21 g Fett pro 400 ml ist die Suppe nicht fettarm. Alles Fett, egal ob Butter oder Käse, stammt aus der Milch. Milchfett hat aber kein günstiges Fettsäuremuster. Gesättigte Fettsäuren überwiegen deutlich. Sie sind eine der Hauptursachen für einen hohen Cholesterinspiegel. Die verspeiste Menge dieser Fettsäuren ist sogar noch entscheidender dafür als das mit der Nahrung aufgenommene Cholesterin selbst. Positiv muss der sehr hohe Gehalt an Calcium, Provitamin A (Beta-Carotin) und Eisen bewertet werden. Ähnliches gilt für Folsäure, Vitamin C und Kalium.

Inhaltsstoff	Menge / Portion	Menge / 100 g
Energie	339 kcal	82,7 kcal
Fett	21,4 g	5,21 g
Kohlenhydrate	14,2 g	3,46 g
Protein	21,5 g	5,25 g
Vitamin A (Retinol)	196 µg	47,8 µg
ß-Carotin	5,37 mg	1,31 mg
Vitamin D (Calciferol)	384 ng	93,7 ng
Vitamin E (Tocopherol)	2,18 mg	533 µg
Vitamin B1 (Thiamin)	213 µg	52 µg
Vitamin B2 (Riboflavin)	854 µg	208 µg
Niacin (Nicotinsäure)	1,03 mg	252 µg
Vitamin B6 (Pyridoxin)	396 µg	96, µg
Gesamte Folsäure	94,4 µg	23 µg
Vitamin B12 (Cobalamin)	2,31 µg	564 ng
Vitamin C (Ascorbinsäure)	46,8 mg	11,4 mg
Natrium	1,53 g	372 mg
Kalium	1,13 g	276 mg
Calcium	784 mg	191 mg
Magnesium	111 mg	27 mg
Eisen	5,23 mg	1,27 mg
Zink	3,45 mg	842 µg
Jod	76,6 µg	18,7 µg
Ballaststoffe	3,51 g	856 mg
Cholesterin	56,5 mg	13,8 mg
Gesättigte Fettsäuren	12,9 g	3,16 g
Einfach ungesättigte Fettsäuren	6,13 g	1,49 g
Mehrfach ungesättigte Fettsäuren	1,06 g	258 mg
Omega-3 Fettsäuren	489 mg	119 mg
Omega-6 Fettsäuren	569 mg	139 mg

Tiroler Knödel

Inhaltsstoff	Menge / Portion	Menge / 100 g
Energie	297 kcal	62,5 kcal
Fett	11,8 g	2,48 g
Kohlenhydrate	32,2 g	6,78 g
Protein	14,9 g	3,14 g
Vitamin A (Retinol)	181 µg	38,1 µg
ß-Carotin	1,64 mg	344 µg
Vitamin D (Calciferol)	1,86 µg	392 ng
Vitamin E (Tocopherol)	2,32 mg	489 µg
Vitamin B1 (Thiamin)	213 µg	44,8 µg
Vitamin B2 (Riboflavin)	423 µg	88,9 µg
Niacin (Nicotinsäure)	1,8 mg	378 µg
Vitamin B6 (Pyridoxin)	374 µg	78,6 µg
Gesamte Folsäure	85 µg	17,9 µg
Vitamin B12 (Cobalamin)	1,33 µg	0,28 µg
Vitamin C (Ascorbinsäure)	33,1 mg	6,96 mg
Natrium	1,25 g	263 mg
Kalium	604 mg	127 mg
Calcium	187 mg	39,3 mg
Magnesium	55,3 mg	11,6 mg
Eisen	3,51 mg	739 µg
Zink	2,06 mg	433 µg
Jod	48,7 µg	10,2 µg
Ballaststoffe	5,69 g	1,2 g
Cholesterin	224 mg	47,2 mg
Gesättigte Fettsäuren	4,93 g	1,04 g
Einfach ungesättigte Fettsäuren	3,99 g	838 mg
Mehrfach ungesättigte Fettsäuren	1,42 g	0,3 g
Omega-3 Fettsäuren	0,39 g	82 mg
Omega-6 Fettsäuren	1,02 g	215 mg

Knödel sind keine Kalorienbomben. So enthält der Riesenteller à 475 ml knapp 300 kcal – trotz der Knödel! Mit unter 12 g Fett ist diese Suppe recht fettarm und dies erklärt auch, warum der Kaloriengehalt im Rahmen bleibt. Trotz der nicht optimalen Fettzusammensetzung hält sich die Menge weniger wünschenswerter gesättigter Fettsäuren (davon essen wir im Schnitt einiges zu viel) mit 5 g im Rahmen. Hervorzuheben sind der Gehalt an Eisen, Vitamin C und Folsäure. Petersilie ist eines der Beta-Carotin-reichsten Lebensmittel. So erklärt sich der Gehalt dieses Provitamins in der Suppe.

Tomaten-Basilikum

Eine klassische Kombination: Tomate mit Basilikum. Auf der Kalorienseite kann es je nach Öl- und Creme fraiche-Einsatz eine doch recht fett- und energiereiche Kreation werden. Muss es aber nicht. Am besten benutzt man ein geschmacksintensives Öl, davon braucht man weniger. Und Creme fraiche ersetzt man durch Creme legère. Schmeckt immer noch wunderbar, wie dieses Rezept beweist. Ganz nebenbei sieht es auf der Figurseite aber schon beträchtlich besser aus. 240 kcal für einen mittelgroßen Teller sind im Rahmen. Trotz des Fettsparens ist die Suppe aber noch lange kein Low-Fat-Gericht. Recht hoch ist der Gehalt an den antioxidativ wirkenden Mikronährstoffen Vitamin C, E und Folsäure sowie – natürlich – am roten Tomatenfarbstoff Lycopin.

Inhaltsstoff	Menge / Portion	Menge / 100 g
Energie	241 kcal	72,3 kcal
Fett	20,7 g	6,2 g
Kohlenhydrate	9,56 g	2,87 g
Protein	3,89 g	1,17 g
Vitamin A (Retinol)	97,5 µg	29,2 µg
ß-Carotin	1,53 mg	0,46 mg
Vitamin D (Calciferol)	0,15 µg	44,9 ng
Vitamin E (Tocopherol)	3,74 mg	1,12 mg
Vitamin B1 (Thiamin)	165 µg	49,3 µg
Vitamin B2 (Riboflavin)	173 µg	51,8 µg
Niacin (Nicotinsäure)	1,44 mg	0,43 mg
Vitamin B6 (Pyridoxin)	297 µg	88,8 µg
Gesamte Folsäure	104 µg	31,1 µg
Vitamin B12 (Cobalamin)	188 ng	56,2 ng
Vitamin C (Ascorbinsäure)	62,5 mg	18,7 mg
Natrium	519 mg	156 mg
Kalium	685 mg	205 mg
Calcium	103 mg	30,7 mg
Magnesium	40,9 mg	12,3 mg
Eisen	2,03 mg	608 µg
Zink	687 µg	206 µg
Jod	9,57 µg	2,87 µg
Ballaststoffe	3,04 g	0,91 g
Cholesterin	24,5 mg	7,34 mg
Gesättigte Fettsäuren	6,53 g	1,96 g
Einfach ungesättigte Fettsäuren	11,3 g	3,39 g
Mehrfach ungesättigte Fettsäuren	1,75 g	524 mg
Omega-3 Fettsäuren	224 mg	67,2 mg
Omega-6 Fettsäuren	1,53 g	457 mg

Wirsing im Kartoffelsamt

Inhaltsstoff	Menge / Portion	Menge / 100 g
Energie	58,9 kcal	14,4 kcal
Fett	537 mg	131 mg
Kohlenhydrate	9 g	2,2 g
Protein	4,03 g	986 mg
ß-Carotin	1,95 mg	477 µg
Vitamin E (Tocopherol)	2,18 mg	534 µg
Vitamin B1 (Thiamin)	125 µg	30,5 µg
Vitamin B2 (Riboflavin)	107 µg	26,1 µg
Niacin (Nicotinsäure)	1,06 mg	259 µg
Vitamin B6 (Pyridoxin)	372 µg	91 µg
Gesamte Folsäure	95,9 µg	23,5 µg
Vitamin C (Ascorbinsäure)	51,7 mg	12,7 mg
Natrium	0,36 g	88,2 mg
Kalium	507 mg	124 mg
Calcium	97,5 mg	23,9 mg
Magnesium	29,5 mg	7,21 mg
Eisen	1,87 mg	457 µg
Zink	0,8 mg	196 µg
Jod	30,4 µg	7,43 µg
Ballaststoffe	4,79 g	1,17 g
Gesättigte Fettsäuren	97,1 mg	23,8 mg
Einfach ungesättigte Fettsäuren	36,5 mg	8,93 mg
Mehrfach ungesättigte Fettsäuren	296 mg	72,4 mg
Omega-3 Fettsäuren	132 mg	32,2 mg
Omega-6 Fettsäuren	164 mg	40,2 mg

Großer Teller – Mini-Kalorien. Diese Suppe kann man getrost während einer Diät essen. Knapp 60 kcal enthält ein großer Teller à 400 ml. 400 ml Apfelsaft oder zuckergesüßte Limonade liegen bei etwa 200 kcal pro Glas! Aber die Suppe hat es auf der Nährstoffseite dennoch in sich: viel Folsäure, viel Vitamin C und viel Kalium stecken drin. Der Fettgehalt geht gegen Null, daher ist die Fettzusammensetzung irrelevant.

Zitronengras mit Gemüse-Polenta-Schnittchen

Durch die Einlage macht diese Suppe viel besser satt als solche ohne Einlage. Dafür liegt auch der Energiegehalt etwas höher: 270 kcal für einen mittleren Teller à 290 ml. Von den enthaltenen Nährstoffen sind besonders die Vitamine C und E sowie das Provitamin A zu erwähnen, die in recht hohen Mengen vorhanden sind. Die Fettmenge ist mit 13 g pro Teller im Rahmen, die Fettzusammensetzung durch den Einsatz von Rapsöl sehr gut.

Inhaltsstoff	Menge / Portion	Menge / 100 g
Energie	274 kcal	92,6 kcal
Fett	12,9 g	4,36 g
Kohlenhydrate	33,4 g	11,3 g
Protein	5,73 g	1,94 g
Vitamin A (Retinol)	19,8 µg	6,69 µg
ß-Carotin	3,23 mg	1,09 mg
Vitamin D (Calciferol)	0,15 µg	50,8 ng
Vitamin E (Tocopherol)	3,44 mg	1,17 mg
Vitamin B1 (Thiamin)	138 µg	46,9 µg
Vitamin B2 (Riboflavin)	136 µg	46,1 µg
Niacin (Nicotinsäure)	1,75 mg	593 µg
Vitamin B6 (Pyridoxin)	307 µg	104 µg
Gesamte Folsäure	35,6 µg	12,1 µg
Vitamin C (Ascorbinsäure)	57,2 mg	19,4 mg
Natrium	742 mg	251 mg
Kalium	426 mg	144 mg
Calcium	78,5 mg	26,6 mg
Magnesium	33,9 mg	11,5 mg
Eisen	2,05 mg	694 µg
Zink	733 µg	248 µg
Jod	35,5 µg	12 µg
Ballaststoffe	5,88 g	1,99 g
Cholesterin	6,4 mg	2,17 mg
Gesättigte Fettsäuren	2,54 g	859 mg
Einfach ungesättigte Fettsäuren	7,11 g	2,41 g
Mehrfach ungesättigte Fettsäuren	2,51 g	0,85 g
Omega-3 Fettsäuren	616 mg	209 mg
Omega-6 Fettsäuren	1,88 g	635 mg

Zucchini mit Schafskäse

Inhaltsstoff	Menge / Portion	Menge / 100 g
Energie	260 kcal	62,4 kcal
Fett	20,6 g	4,95 g
Kohlenhydrate	6,59 g	1,58 g
Protein	12 g	2,88 g
Vitamin A (Retinol)	135 µg	32,3 µg
ß-Carotin	1,83 mg	0,44 mg
Vitamin D (Calciferol)	415 ng	99,6 ng
Vitamin E (Tocopherol)	2,33 mg	0,56 mg
Vitamin B1 (Thiamin)	182 µg	43,6 µg
Vitamin B2 (Riboflavin)	353 µg	84,7 µg
Niacin (Nicotinsäure)	1,59 mg	381 µg
Vitamin B6 (Pyridoxin)	282 µg	67,6 µg
Gesamte Folsäure	91,8 µg	22 µg
Vitamin B12 (Cobalamin)	0,75 µg	0,18 µg
Vitamin C (Ascorbinsäure)	37,6 mg	9,02 mg
Natrium	1,47 g	353 mg
Kalium	563 mg	135 mg
Calcium	0,33 g	79,1 mg
Magnesium	58,6 mg	14,1 mg
Eisen	3,31 mg	795 µg
Zink	1,85 mg	443 µg
Jod	50 µg	12 µg
Ballaststoffe	3,73 g	896 mg
Cholesterin	32 mg	7,67 mg
Gesättigte Fettsäuren	9,16 g	2,2 g
Einfach ungesättigte Fettsäuren	8,71 g	2,09 g
Mehrfach ungesättigte Fettsäuren	1,6 g	384 mg
Omega-3 Fettsäuren	467 mg	112 mg
Omega-6 Fettsäuren	1,13 g	272 mg

Entwarnung für alle, die wegen des Schafskäses gleich eine Kalorienbombe erwarten. Der große Teller à 400 ml kommt auf gerade mal 260 kcal. Für eine Suppe mit Käse ein guter Wert. Auf der Nährstoffseite müssen der Gehalt an Calcium und Folsäure lobend erwähnt werden. Weit weniger günstig ist eine Menge von gut 9 g gesättigter Fettsäuren. Auch Schafsmilch enthält hauptsächlich gesättigte Fettsäuren.

Kochkomfort pur beim TwistPad-Kochfeld TT 1549:
Mit nur einem abnehmbaren Magnetknebel werden alle Kochzonen präzise und dank **Induktion** höchst schnell, effizient und punktgenau gesteuert. Die Hitze wird in wenigen Sekunden direkt am Kochtopf erzeugt. Sollte einmal etwas überlaufen, kein Problem! Denn das Kochfeld erwärmt sich kaum und so kann nichts einbrennen.

Dankeschön

Die **Zutaten** der folgenden Menschen haben zum Entstehen der Suppen in diesem Buch beigetragen:

Hans Heiliger – Bereitstellung seines Küchenstudios in Köln-Blumenberg
Maike Jecke – Texterfassung während des Kochens im Studio
Ernst Gustav Lüttgau – Organisation, Management und Beratung
Harald Ernst – Ideengeber und Vorwort aus Osteopathischer Sicht
Birgit Ellrott – Nährwert- und Kalorienberechnung
Dr. med. Thomas Ellrott – Ernährungswissenschaftliche Analyse und Bewertung
Achim Blank – Foodstylist
Thomas Malzkorn – Gestaltung
Gerd Türke – Satz und Layout
Uli Grohs – Fotos
Birgit Krautmacher – Meine rechte Hand und guter Geist

„Den hier genannten Menschen, die mir dabei geholfen haben, die Suppen zuzubereiten, darzustellen und ins rechte Licht zu rücken, möchte ich von Herzen danken. Natürlich handelt es sich dabei längst nicht um all jene Namen, die am Ende daran beteiligt waren, bis das das fertige Druckwerk vorlag – deshalb auch ein Dankeschön an diejenigen, die mitgearbeitet haben und die ich nie persönlich kennen gelernt habe.

Möge dieses Kochbuch dazu dienen, auf dem Weg zur gesunden Ernährung einen kleinen Schritt weiter zu kommen, Appetit zu machen auf noch mehr Rezepte und vielleicht sogar zu Eigenkreationen zu animieren. Vor allem aber wünsche ich mir, dass es Spaß bereitet, die Rezepte auszuprobieren und dass wieder mehr Menschen auf den Geschmack kommen – … erst mal ein Süppchen zu essen!“

Henning Krautmacher